Abi

AbiWissen kompakt

Deutsch

Literaturgeschichte/Epochen

von Frank Becker

Ernst Klett Verlag
Stuttgart Düsseldorf Leipzig

Frank Becker, langjähriger Gymnasiallehrer für die Fächer Deutsch und Philosophie in Nordrhein-Westfalen.

S. 80 Carl Einstein, Die drei Bogenlampen. In: Deutsche Dichtung in Epochen. Metzler Stuttgart
S. 81 Jakob van Hoddis, Weltende. Arche 1958
S. 82 „Hai-Kai" aus: Yvan Goll. Die Lyrik in vier Bänden. Band I. Frühe Gedichte 1906-1930, hg. u. kommentiert v. Barbara Glauert-Hesse im Auftrag der Fondation Yvan et Claire Goll, Saint-Dié-des-Vosges. ©1996 Argon Verlag GmbH, Berlin, S. 331. Alle Rechte bei und vorbehalten durch Wallstein Verlag, Göttingen.
S. 85 Kurt Tucholsky, „Dämmerung". In: Gesammelte Werke Band 2 (1919-1920), Rowohlt Verlag, Reinbek 1975, S. 288 ff.
S. 102 Bertolt Brecht, Hollywood und Schlechte Zeiten für Lyrik. In: Gesammelte Werke, Suhrkamp Frankfurt am Main 1967
S. 111 Paul Celan, Sprich auch du. In: Das große deutsche Gedichtbuch. Artemis Winkler
S. 111 Hans Magnus Enzensberger, Ins Lesebuch für die Oberstufe. Rechte beim Autor.

9 783129 298411

Bibliographische Information der Deutschen Bibliothek
Die Deutsche Bibliothek verzeichnet diese Publikation in der Deutschen Nationalbibliographie; detaillierte bibliographische Daten sind im Internet über http://dnb.ddb.de abrufbar

Auflage 7. 6. 5. | 2011 2010 2009 2008
Die letzten Zahlen bezeichnen jeweils die Auflage und das Jahr des letzten Druckes.
Dieses Werk folgt der reformierten Rechtschreibung und Zeichensetzung.
Ausnahmen bilden Texte, bei denen künstlerische, philologische oder lizenzrechtliche Gründe einer Änderung entgegenstehen.

Internetadresse: http://www.klett.de
Satz: Ulrike Eisenbraun
Druck: Druck Partner Rübelmann GmbH, Hemsbach
ISBN 978-3-12-929841-1

Inhaltsverzeichnis

Die Anfänge der deutschen Literatur

1 Literarische Kultur im Mittelalter

Die literarische Kultur im frühen Mittelalter war klerikal geprägt. Mündlich überlieferte Dichtung wurde durch Scriptoren („Schreiber") handschriftlich fixiert und gesammelt und war ein Teil des klösterlichen Lebens, ohne dabei ein Publikum außerhalb der Hemisphäre der Klöster zu finden.

Neben der Heldendichtung spielten im frühen Mittelalter vor allem die Zauberdichtung – am bekanntesten sind die Merseburger Zaubersprüche (aufgezeichnet im 10. Jh.) – sowie Bibelübersetzungen und Gebete wie das Wessobrunner Gebet (eine Handschrift um 814) eine wichtige Rolle.

Eines der ältesten Dokumente der deutschen Literatur, das Hildebrandslied (entstanden im 8. Jh., unbekannter Verfasser), beginnt mit den Worten:

Ik gihôrta dat seggen, dat sih urhêttun aenon muotîn, Hiltibrant enti Hadubrant untar heriun tuêm.	Ich hörte das sagen, dass sich als Streiter allein begegneten Hildebrand und Hadubrand zwischen zwei Heeren.

Das Hildebrandslied gehört der Gattung der Heldendichtung an. Es beschreibt einen tragischen Vater-Sohn-Konflikt: Während der Waffenmeister Hildebrand seinem Herrn Diterich von Bern in die Verbannung folgt, steigt sein Sohn zum Heerführer auf. Als Hildebrand das Land nach 30 Jahren zurückerobern will,

kommt es zum Kampf mit dem eigenen Sohn, den er nicht von der bestehenden Blutsverwandtschaft überzeugen kann.
Erst die Literatur des Hochmittelalters kennt im engeren Sinne eine literarische Öffentlichkeit. Literatur wurde mündlich tradiert und an Kaiser- und Fürstenhöfen vorgetragen. Träger der Literatur waren nun zunehmend Laien, die sich an den Höfen an ein Publikum richteten, das sich aus Lehnsherrn, Rittern und den Damen des Hofes zusammensetzte.

Die höfische Literaturkultur umfasste epische und lyrische Gattungen. Insbesondere bildeten sich dabei das Heldenepos wie das berühmte *Nibelungenlied* und der höfische Roman wie Wolfram von Eschenbachs *Parzival* oder Gottfried von Straßburgs' *Tristan und Isolde* heraus.

Die deutsche Literatur des Mittelalters umspannt einen Zeitraum von acht Jahrhunderten.

Grob lassen sich dabei drei Hauptperioden voneinander unterscheiden, nämlich die
- Literatur des frühen Mittelalters (ca. 700–1050), die
- Literatur des Hochmittelalters (1050–1160/70) und die
- Literatur des Spätmittelalters (1160/70–1500)

Im Spätmittelalter gewannen Territorialfürsten, Städte und das Bürgertum an Bedeutung. Die Literatur wird nun durch die Kultur der Stadt und nicht mehr durch die Höfe geprägt. Aus Sängergemeinschaften an Pfarreien entsteht der Meistersang, der literarisch in der Tradition des Hochmittelalters steht. Überaus beliebt waren Satiren wie etwa *Das Narrenschiff* von Sebastian Brant, Fabeldichtungen wie *Reineke Fuchs* (Vorform *Reinke de Vos* um 1498, die hochdeutsche Fassung entstand 1544 und wurde zum Volksbuch) und Schwankdichtungen wie *Till Eulenspiegel.*

2 Das Nibelungenlied

Das Nibelungenlied weist in seinen Wurzeln auf Ereignisse während der Völkerwanderung zurück, nämlich auf die Geschichte des Hunnenkönigs Attila, der das Reich der Burgunden zerstörte, und auf die Geschichte von König Gunther, der mit seinem gesamten Heer unterging.
Dem Epos, das von einem unbekannten Dichter um 1200 verfasst wurde, liegen mehrere Quellen und Stoffkomplexe zu Grunde, insbesondere das *Alte Atlilied* und das *Alte Sigurlied* aus der *Edda*.

Das Alte Atlilied
Hier wird die Geschichte des Hunnenkönigs Attila mit der Geschichte von König Gunther verbunden: Attila hat demnach Kriemhild, die Schwester des Burgunderkönigs Gunther, zur Ehe gezwungen, die daraufhin den Tod ihrer Brüder an Attila rächte.
Einer Variante aus dem 8. Jahrhundert zu Folge habe jedoch Kriemhild ihre Brüder des Nibelungenschatzes wegen umbringen lassen.

Das Alte Sigurlied
Siegfried gewinnt hier im Kampf mit Zwergen die berühmte Tarnkappe und den Unheil bringenden Schatz der Nibelungen. Er kommt zu den Burgunden und begehrt Kriemhild zur Frau, was jedoch an die Bedingung geknüpft ist, Brunhild für Gunther zu gewinnen, was ihm mithilfe der Tarnkappe auch gelingt. Brunhild erfährt in einem Streit mit Kriemhild von diesem Betrug und verpflichtet Hagen zum Rächer ihrer Ehre. Hagen tötet daraufhin Siegfried und versenkt den Schatz der Nibelungen im Rhein. Brunhild stirbt ihm nach und Kriemhild sinnt nun ihrerseits auf Rache gegen Hagen und die mitschuldigen Brüder. Nach Jahren nimmt sie die Werbung des Hunnenkönigs Etzel an, lädt Hagen und die Brüder ein, übergibt sie aber den Schwertern der Hunnen. Hagen weigert sich, den Ort des

Nibelungenschatzes zu verraten und wird von Kriemhild mit Siegfrieds Schwert gerichtet. Kriemhild wird im Gegenzug von Hildebrand getötet.

Die Anfangsstrophe des Epos lautet:

Uns ist in alten maeren wunders vil geseit
Von helden lobebaeren, von grôzer arebeit
Von fröuden, hôchgezîten, von weinen und von klagen,
von küener recken strîten muget ir nu wunder hoeren sagen.

3 Die mittelalterliche Lyrik

Die Lyrik entwickelte unterschiedliche Formen, den Minnesang, die Spruch-, Kreuzzugs- und Vagantendichtung sowie die Marienlyrik.

Formen der Lyrik im Hochmittelalter

Minnesang	**Sprich-, Kreuzzugs- und Vagantendichtung**	**Marienlyrik**
Im Vordergrund steht die Verehrung der verheirateten Frau. Der Minnesang diente der höfischen Unterhaltung und folgte feststehenden Konventionen, denen zufolge ein Ritter einer höfischen Dame mittels eines feststehenden literarischen Repertoires huldigte.	Die Spruchdichtung wurde von fahrenden Sängern vorgetragen und nahm politisch Stellung oder hatte moralische Lehren zum Gegenstand. Die Vaganten (= fahrende Studenten) verfassten Trink-, Tanz- und Liebeslieder. Oftmals waren die Verfasser aber eigentlich hohe Geistliche, die diese Dichtung anonym schufen.	In Anlehnung an den Minnesang steht hier die Verehrung der Mutter Gottes im Zentrum.

4 Auf einen Blick

Träger der Literatur

Klerikale Prägung im frühen Mittelalter in der Abgeschlossenheit der Klöster;
Etablierung einer literarischen Öffentlichkeit an den Kaiser- und Fürstenhöfen im Hochmittelalter;
Prägung durch die Kultur der Städte im Spätmittelalter.

Formen der Dichtung

Heldendichtung, Zauberdichtung, Bibelübersetzungen und Gebete im frühen Mittelalter;

Heldenepos, höfischer Roman, Minnesang, Spruch-, Kreuzzugs- und Vagantendichtung sowie Marienlyrik im Hochmittelalter;

Meistersang, Satiren, Volkslieder und Schwankdichtungen im Spätmittelalter.

Autoren und Werke

Frühes Mittelalter: *Hildebrandslied, Merseburger Zaubersprüche, Wessobrunner Gebet;*
Hochmittelalter: *Nibelungenlied*, Wolfram von Eschenbach (um 1170 – um 1220), *Parzival*, Gottfried von Straßburg, *Tristan und Isolde*, Hartmann von Aue (1165 – um 1215), *Iwein*, Walther von der Vogelweide (um 1170 – um 1230);
Spätmittelalter: Meister Eckhart (um 1260 – um 1328), Oswald von Wolkenstein (1377 – 1445), Hans Sachs (1494 – 1576).

Barock

1 Grundgegensätze im Zeitalter des Barock

Das prägende historische Ereignis im Europa des 17. Jahrhunderts war der Dreißigjährige Krieg, dem mehr als ein Drittel der Gesamtbevölkerung zum Opfer fielen. Die Erfahrung von Tod und Verderben war allgegenwärtig und zog unterschiedliche, aber stets extreme Reaktionen nach sich: Einerseits ist eine Hinwendung zum Ewigen und zum Trost im Glauben zu beobachten, andererseits eine leidenschaftliche Gier nach Lebensgenuss und prunkvoller Repräsentation.

Gegenreformation, Glaubenskriege, Hexenverfolgungen, 30-jähriger Krieg, Pest	↔	Bahnbrechende Entdeckungen in Mathematik und den Naturwissenschaften
Prunkvolles Leben an den absolutistischen Höfen	↔	Massenelend und Unbildung in breiten Volksschichten
Gier nach Lebenslust	↔	Hinwendung zur Religion

2 Die Welt ist ein schnöder Schein

Beispielhaft bringt Christian Hofmann von Hofmannswaldau in seinem Gedicht *Die Welt* das barocke Lebensgefühl zur Sprache. Strophe für Strophe werden die Grundelemente der barocken Weltsicht entfaltet.

Christian Hofmann von Hofmannswaldau
Die Welt (1679)

Was ist die Welt/und ihr berühmtes gläntzen? Was ist die Welt
und ihre gantze Pracht?
Ein schnöder Schein in kurtzgefassten Gräntzen/
Ein schneller Blitz bey schartzgewölckter Nacht.

Ein bundtes Feld/da Kummerdisteln gruenen;
Ein schön Spital/so voller Kranckheit steckt.
Ein Sclavenhauß/da alle Menschen dienen/
Ein faules Grab/so Alabaster deckt.

Das ist der Grund/darauff wir Menschen bauen/
Und was das Fleisch für einen Abgott hält.
Komm Seele/komm/und lerne weiter schauen/
Als sich erstreckt der Zirckel dieser Welt.

Streich ab von dir derselben kurtzes Plagen/
Halt ihre Lust vor eine schwere Last.
So wirst du leicht in diesen Port gelangen/
Da Ewigkeit und Schönheit sich umbfast.

Die Deutung des Leidens in *Die Welt* von Christian Hofmann von Hofmannswaldau		
Frage nach der Grundverfassung der Welt und Beantwortung dieser Frage	↔	„Was ist die Welt und ihre gantze Pracht?"; „Ein schnöder Schein"
Erläuterung der Grundverfassung der Welt durch drastische Metaphern	↔	„Ein schön Spital / so voller Kranckheit steckt; „ein faules Grab, so Alabaster deckt"
Schlussfolgerung und Aufforderung	↔	„Das ist der Grund / darauff wir Menschen bauen"; „Komm Seele / komm"
Hinwendung zum Göttlichen als Lösung, Versprechen	↔	„So wirst du leicht in diesen Port gelangen / Da Ewigkeit und Schönheit …"

3 Der barocke Roman

Heute noch überaus lesenswert ist der Roman *Der Abentheuerliche Simplicius Simplicissimus* von Hans Jakob Christoffel von Grimmelshausen (um 1621–1676).

Der Roman erzählt in der Form einer satirischen Autobiographie die turbulente Lebensgeschichte des jungen Simplicissimus, der Soldat wird und sich durch verwegene Raubzüge einen Namen macht, die Abgründe der adeligen Gesellschaft kennen lernt, zum Spießgesellen eines Räubers wird, in die Unterwelt zu den Elementargeistern abtaucht und schließlich wieder im Schwarzwald, dem Ausgangsort seiner Reise, ankommt, um sein Leben als Einsiedler fortzuführen. Simplicissmus hat unter anderem gegen eine weibliche Widersacherin zu bestehen, die Landstörzerin Courage, der Grimmelshausen später einen eigenen Roman widmete und die das literarische Vorbild für Brechts *Mutter Courage* darstellt.

Formen des Romans	
Heroisch-galanter Roman	Fortführung des aus Spanien und Frankreich stammenden Ritterromans. Auf tausenden von Seiten wurden die (Liebes-) Geschichten fürstlicher Persönlichkeiten und Familien geschildert, die kunstvoll ineinander verschachtelt wurden.
Schäferroman	Fortführung der antiken bukolischen Idyllendichtung.
Schelmenroman	Im Mittelpunkt des ursprünglich aus Spanien stammenden Schelmenromans steht der so genannte Picaro, ein Außenseiter, der aus der Perspektive eines Angehörigen eines unteren Standes ein satirisch-unterhaltsames-kritisches Licht auf die gesamte Gesellschaft und insbesondere auf deren Herrschaftsstrukturen wirft.

4 Das barocke Drama

Das Märtyrerdrama *Catharina von Georgien* von Andreas Gryphius beginnt mit der Regieanweisung: „Der Schauplatz liegt voll Leichen, Bilder, Kronen, Szepter, Schwerter. Über dem Schauplatz öffnet sich der Himmel, unter dem Schauplatz die Hölle". Gryphius zeigt in diesem Drama das Schicksal der Königin Catharina, die den Märtyrertod stirbt, weil sie sich weigert, zum Islam überzutreten, um so das Schicksal ihres Volkes zu retten.

Tragödien	Die barocken Tragödien sind durch den Gegensatz zwischen Himmel und Hölle bestimmt. Sie vermitteln die Erkenntnis, „wie nah Höh und Fall beysammen" stehen. Die Helden zeichnet dabei unbedingte Gewissenstreue aus und die Bereitschaft, den Märtyrertod zu sterben.
Lustspiele	Zu nennen sind hier die Lustspiele *Horribilicribrifax* oder *Wählende Liebhaber* und *Absurda Comica* oder *Herr Peter Squentz* von Andreas Gryphius, in denen der Gegensatz von nichtigem Schein und echtem Sein in grotesker Übertreibung gezeigt wird.
Jesuitendrama	Das Jesuitendrama wurde vorrangig an Schulen in lateinischer Sprache und auf eigenen Bühnen in großen Städten wie Köln, München und Wien prunkvoll aufgeführt. Die Bühne arbeitete mit den Mitteln der Oper, mit Ballett und Massenszenen, Musik, Wort und Tanz. Die Stücke dienten der politisch-religiösen Propaganda.

5 Die barocke Lyrik

Die barocke Lyrik basiert auf den Regelwerken der antiken Rhetorik und Poetik. Nach dem barocken Dichtungsverständnis kommt es dabei überhaupt nicht auf das individuelle Lebensgefühl und die individuellen Einfälle und Ideen des einzelnen Dichters an, sondern einzig auf die Illustration der Grundprinzipien der barocken Welt.

Dabei galt nicht derjenige Dichter als besonders kunstvoll, der seine Gedichte möglichst einzigartig und originell gestaltete, sondern derjenige, der eine bereits erprobte lyrische Form innerhalb feststehender rhetorischer Vorgaben besonders perfekt ausgestalten konnte. Aus diesem Grunde sind barocke Gedichte eigentlich leicht zu interpretieren: Da feststehende Themen, Motive und Formen nur variiert werden, kann – von einigen wenigen Ausnahmen abgesehen – die Interpretation schematisch verlaufen.

Das barocke Dichtungsverständnis
Nicht Originalität, sondern bestmögliche Ausgestaltung eines vorgegebenen Musters

↓

Rhetorische Umsetzung des „Vanitas" (Vergänglichkeit)-Gedankens

↓

Beachtung der drei Wirkabsichten der antiken Rhetorik: delectare (unterhalten), docere (belehren), movere (bewegen)

↙ ↘

memento mori
(Bedenke den Tod)

carpe diem
(Nutze den Tag)

6 Sonett und Epigramm

Als Vorbild für das Sonett diente den Barockdichtern die Form des italienischen Renaissance-Dichters Francesco Petrarca (Reimschema abba / abba / cdc / dcd). Populär war jedoch auch die Reimfolge Ronsards (abba / abba / ccd / eed), die oft von Martin Opitz favorisiert wurde. Als Vers wurde meist der Alexandriner verwandt.

Aufbau der Dispositio des barocken Sonetts

Martin Opitz, Sonnet (1624)

(Auß dem Italienischen Petrarchae)

Ist Liebe lauter nichts / wie daß sie mich entzuendet?
Îst sie dann gleichwol was / wem ist jhr thun bewust?
Ist sie auch recht und gut / wie bringt sie boese Lust?
Ist sie nicht gut / wie daß man Freudt auß jhr empfindet?

Lieb ich gar williglich / wie daß ich Schmertzen trage?
Muß ich es Thun / was hilffts / daß ich solch trawren fuehr?
Thue ich nichts gern / wer ists / der es befihlet mir?
Thue ich es gern / warumb / daß ich mich dann beklage?

Ich wancke / wie das Gras / so von den kühlen Winden
Vmb Versperzeit bald hin geneiget wirdt / bald her.
Ich walle wie ein Schiff / daß in dem wilden Meer

Von Wellen vmbgejagt nicht kann zu rande finden.
Ich weiß nicht was ich will / ich will nicht waß ich weiß /
Im Sommer ist mir kalt / im Winter ist mir heiß.

Neben dem Sonett spielt vor allem das Epigramm im Barock eine herausragende Rolle, zu dessen charakteristischen Eigenschaften die Kürze und die Scharfsinnigkeit gehören. Zahlenmäßig überwiegen dabei Epigramme, die weltliche Sitten- und Verhaltenslehren zum Inhalt haben, aber auch satirische Themen werden behandelt.

Sitten- und Verhaltenslehre	Satire
Das ewige sol man suchen Die Ehre dieser Welt vergeht in kurtzer zeit: Ach suche doch die Ehr der ewgen Seeligkeit! (Scheffler, *Cherubinischer Wandersmann*)	Auff einen übervollen Edelmann Du bist des Weines voll / zwen diener tragen dich Du schreyest / Speyest / Schlägst / ist das nich Adelich? (Georg Greflinger)

Die barocke Epigrammdichtung behandelte auch in satirischer Form politische Themen. Insbesondere Friedrich Freiherr von Logau (1604 – 1655) widmet sich in seinem 1654 erschienenem Hauptwerk *Salomons von Golaw Deutscher Sinn-Getichte Drey Tausend* – eine Sammlung von genau 3560 Epigrammen – der Herrschaftskritik. Vor dem Hintergrund einer idealisierten Vergangenheit übt er eine fast schon zeitlose Kritik an der zeitgenössischen politischen Kultur.

Friedrich von Logau, Heutige Weltkunst

Anders seyn / vnd anders scheinen:
Anders reden / anders meinen:
Alles loben / alles tragen /
Allen heucheln / stets behagen /
Allem Winde Segel geben:
Bös vnd Guten dienstbar leben:
Alles Thun vnd alles Tichten
Bloß auff eignen Nutzen richten;
Wer sich dessen will befleissen
Kan Politisch heuer heissen.

7 Auf einen Blick

Grundsätze

Prunksucht – Massenelend; Lebenslust – Hinwendung zur Religion als Trost; Schein – Sein

Kerngedanke

Der widersprüchlichen Welt durch die Religion Sinn und Ordnung geben.

Kernbegriffe

Vanitas, carpe diem, memento mori

Dichtungsverständnis

Nicht die Orginalität und Subjektivität des Dichters ist ausschlaggebend, sondern die perfekte Beherrschung vorgegebener Motive und Formen; Rhetorisches Grundverständnis der Dichtung: delectare, docere, movere

Wichtige Gattungsformen

Schelmenroman, Märtyrerdrama, Sonett, Epigramm

Autoren

Andreas Gryphius (1616–1664),
Martin Opitz (1597–1639),
Paul Gerhardt (1607–1676),
Paul Fleming (1609–1640),
Hans Jakob Christoffel von Grimmelshausen (um 1621–1676)

wichtige theoretische Schrift

Martin Opitz, *Buch von der Deutschen Poeterey* (1624)

Aufklärung

1 Sich am und im Denken orientieren

„Sapere aude! Habe Mut, dich deines eigenen Verstandes zu bedienen!“ – so lautet der von Immanuel Kant formulierte Wahlspruch der Aufklärung. Durch diese Geisteshaltung unterscheidet sich nach Kant der aufgeklärte vom unmündigen Menschen, der aus Bequemlichkeit, Faulheit und Feigheit die Interpretation und Organisation der Wirklichkeit anderen überlässt:

„Habe ich ein Buch, das für mich Verstand hat, einen Seelsorger, der für mich Gewissen hat, einen Arzt, der für mich die Diät beurteilt, u.s.w.: so brauche ich mich ja nicht selbst zu bemühen.“
(Kant, *Was ist Aufklärung*)

Sich am und im Denken zu orientieren, anstatt blind vorgegebenen Autoritäten zu folgen, ist die auf die Emanzipation des Menschen zielende Grundforderung der Aufklärung: Sie bekämpft die unkritische Geisteshaltung und fordert, wie Kant es nennt, eine Revolution der Denkungsart, wonach der Verstand und die Vernunft zum Maßstab der Interpretation und Organisation der Welt zu erheben sind.

Nicht zufällig kommen daher neben dem Drama gerade Gattungen wie der Parabel und der Fabel ein besonderer Stellenwert zu. Beide Gattungen sind auf hervorragende Weise geeignet, auf unterhaltsame Weise zu belehren.

Während im Barock der Sprache die Funktion zufiel, in fast schon unendlichen Variationen mit Hilfe vorgegebener rhetorischer Muster die gottgegebenen Grundgegensätzlichkeiten der barocken Welt aufzuzeigen, sieht der Philosoph Leibniz die Sprache als „Spiegel des Verstandes“ an. Als Spiegel des Verstandes animiert die Literatur der Aufklärung ihre Leser zur aktiven und eigenverantwortlichen Interpretation der Welt, statt diese einfach nur wie im Barock nach vorgegebenen Mustern zu illustrieren.

2 Lessings Streben nach Wahrheit

Das geistig-kritische Selbstverständnis der Aufklärung findet ihren unmittelbaren Ausdruck bei Gotthold Ephraim Lessing (1729-1781), dessen Werke dadurch gekennzeichnet sind, dass neben der Forderung nach einem vernunftgemäßen Denken die Forderung nach einem aktiven Handeln und fortgesetztem Streben nach Erkenntnis tritt.

„Nicht die Wahrheit, in deren Besitz irgendein Mensch ist oder zu sein vermeinet, sondern die aufrichtige Mühe, die er angewandt hat, hinter die Wahrheit zu kommen, macht den Wert des Menschen. Denn nicht durch den Besitz, sondern durch die Nachforschung der Wahrheit erweitern sich seine Kräfte, worin allein seine immer wachsende Vollkommenheit besteht. Der Besitz macht ruhig, träge, stolz.“ (Lessing, *Eine Duplik*)

3 Drama und Fabel als Instrumente der Aufklärung

Die Erziehungsabsicht Lessings findet Eingang bis in die Formulierung der Titel seiner Schriften. Lessings letztes Werk trägt nicht von ungefähr die Überschrift *Die Erziehung des Menschengeschlechts* (1780), eine Schrift, in der Lessing den Grundgedanken vertritt, dass nur durch eine fortschreitende geistige Entwicklung und durch das Streben nach humaner Vollendung dem Menschen die volle Würde verliehen werden kann.

4 Das Dramenkonzept: Shakespeare oder Corneille als Vorbild?

Neben Lessing ist als Hauptrepräsentant der Literatur der Aufklärung Johann Christoph Gottsched (1700–1766) anzusehen. Ganz im Sinne des Erziehungsanspruchs der Aufklärung weist Gottsched in seiner Schrift *Versuch einer kritischen Dichtkunst vor die Deutschen* (1730) der Dichtung eine belehrende Funktion zu: Die Dichtung habe nicht nur zu erfreuen, sondern auch zu nützen, sie habe zu einem guten Geschmack zu erziehen und eine gute Gesinnung zu vermitteln sowie die Natur zu beschreiben.

Lessing, der gemeinsam mit seinen Freunden Nicolai und Mendelssohn die *Briefe, die neueste Literatur betreffend* (1759) herausgab, wendet sich im berühmten 17. Literaturbrief gegen Gottsched, der in seinen Augen ein „französisierendes" Theater geschaffen habe, „ohne zu untersuchen, ob dieses französisierende Theater der deutschen Denkungsart angemessen sei oder nicht". Seine Kritik wendet sich gegen die Orientierung Gottscheds am klassischen französischen Drama, das Gottsched als Vorbild betrachtete und in Deutschland etablieren wollte. Stattdessen empfiehlt Lessing die Orientierung am Drama Shakespeares:

„Auch nach den Mustern der Alten die Sache zu entscheiden, ist Shakespeare ein weit größerer tragischer Dichter als Corneille; obgleich dieser die Alten sehr wohl, und jener fast gar nicht gekannt hat." (Lessing, *17. Literaturbrief*)

Die Verteidigung Shakespeares setzte Lessing in seiner *Hamburgischen Dramaturgie* (1767–1769) fort. Das strenge Regelgefüge des französischen Dramas (Einheit von Ort, Zeit und Handlung, Gebrauch des Alexandriners) hält er für überholt, ja sogar für eine Fehlinterpretation der aristotelischen Poetik. Nach Lessings Auffassung verlangte Aristoteles nicht, dass die Handlung eines Stückes an ein und demselben Ort innerhalb von 24 Stunden abrolle; vielmehr betont er, dass das Eigentliche des Dramas darin bestehe, dass die Einheit der Handlung als Ausdruck der Einheit der dargestellten Charaktere aufzufassen sei. Diesen Grundgedanken sieht Lessing jedoch weniger im französischen, als vielmehr im Drama Shakespeares verwirklicht, das Lessing zufolge den Zuschauer stärker in das dargestellte Geschehen einbezieht und so die Chance bietet, am Kernkonflikt des Helden Anteil zu nehmen, um von diesem lernen zu können.

Lessings Kritik an Gottsched

Gottsched		Lessing
Orientierung am französischen Drama (Corneille)	↔	Orientierung am englischen Drama (Shakespeare)
Betonung der belehrenden Funktion des Dramas: prodesse et delectare (nützen und erfreuen)	↔	Das Streben nach Wahrheit erhält Vorrang vor der Behauptung, die Wahrheit verkünden zu können, die Möglichkeit zur Identifikation mit dem Helden muss gegeben sein.
Strenges Regelgefüge, starres Festhalten an der Einheit von Ort, Zeit und Handlung	↔	Einheit der Handlung als Ausdruck der Einheit der dargestellten Charaktere

5 Lessings Dramen

Die bekanntesten Dramen Lessings sind das Lustspiel *Minna von Barnhelm* (1767) sowie das Trauerspiel *Emilia Galotti* (1772) und das dramatische Gedicht *Nathan der Weise* (1779).

Emilia Galloti (1772) geht auf eine Fabel des römischen Geschichtsschreibers Livius zurück, die Lessing in die Gegenwart verlegt. Im Zentrum dieses Dramas steht das Schicksal einer Tochter, die „von ihrem Vater umgebracht wird, dem ihre Tugend werter ist als ihr Leben".

Der regierende Fürst von Guastalla entführt mit Hilfe seines skrupellosen Kammerherrn Marinelli die Tochter des greisen Odoardo Galotti, Emilia, die mit dem Grafen Appiani verlobt ist, am Tage ihrer Hochzeit auf sein Lustschloss, nachdem Appiani durch seine Häscher ermordert wurde. Odoaro erfährt durch die frühere Geliebte des Fürsten, der Gräfin Orsina, die zu Gunsten Emilias ihren Platz räumen musste, von dieser Hinterlist und Rohheit. Emilia erbittet vom Vater den Tod und stirbt in seinen Armen.

In diesem Trauerspiel bringt Lessing die Empörung des aufgeklärten Bürgertums gegen die Willkür des Absolutismus zum Ausdruck, indem er die Verbrechen der Höflinge und die Ungerechtigkeit der gesellschaftlichen Zustände anprangert. Ganz im Sinne der Hamburgischen Dramaturgie verzichtet Lessing auf die Einheit des Ortes, um zu Gunsten der Verbindung von innerer und äußerer Handlung und durch eine lebendige Dialogtechnik den Zuschauer zu einer eigenen Urteilsbildung über das im Zentrum dieses Trauerspiels stehende Motiv der Tugend zu animieren.

Nathan der Weise (1779), das wohl bekannteste und berühmteste Stück Lessings, gehört zu den erfolgreichsten Stücken auf deutschen Theatern überhaupt. Dieses dramatische Gedicht, wie Lessing es nannte, das nach dem Muster Shakespeares im Blankvers (fünffüßiger ungereimter Jambus) gedichtet ist, stellt sein Glaubensbekenntnis dar, in dem Lessing nicht die Wirklichkeit beschreibt, sondern sein Ideal der Aufklärung, nämlich das Ideal der Humanität und die Utopie einer toleranten Ordnung der Gesellschaft, verkündet.

In *Nathan der Weise* verlegt Lessing anders als in *Emilia Galotti* den Schauplatz der Handlung in die Vergangenheit, nämlich in die Zeit des 3. Kreuzzuges um 1190 in die symbolträchtige Stadt Jerusalem, in der Angehörige der drei großen Weltreligionen inmitten der brutalen Glaubenskriege aufeinander prallen: Der in Jerusalem residierende Sultan Saladin hat mit dem englischen König Richard Löwenherz und dem französischen König Philipp II. einen Waffenstillstand geschlossen, der allerdings von Rittern des Tempelordens gebrochen wurde. Zu dieser Zeit wächst im Hause des reichen Juden Nathan das Mädchen Recha auf, nicht ahnend, dass sie nicht seine Tochter, sondern eine Christin ist, die Nathan an Kindes statt angenommen hat, obwohl er bei einer Judenverfolgung durch die Kreuzritter seine Frau und seine sieben Söhne verloren hat.

Von einer Reise zurückkehrend, erfährt Nathan von Daja, der Gesellschafterin von Recha, dass seine Tochter einer großen Gefahr entgangen ist: Bei einer Feuersbrunst wäre sie fast umgekommen, wenn nicht der Tempelherr Leu von Filnek, der sich in der Gefangenschaft des Sultans befindet, sie gerettet hätte und der, von tiefer Zuneigung ergriffen, bei Nathan um die Hand Rechas anhält. Die folgende Handlung besteht in einer Aufklärung über die Verwandtschaft der handelnden Personen, die alle unterschiedlichen Religionen angehören. Dabei stellt sich heraus, dass Recha die Schwester des Tempelherrn ist. Beide stammen aus der Ehe des jüngeren Bruders des Sultans, Asad, mit einer Christin aus Deutschland. Das Drama endet mit einer Familienzusammenführung der Angehörigen der drei Weltreligionen.

Im Mittelpunkt des Dramas steht die Ringparabel, die Lessing dem *Decamerone* von Boccaccio entnommen und umgearbeitet hat. In der Ringparabel spiegelt sich in der Grundkonstellation der Familie der Grundkonflikt der drei Weltreligionen.

Ein Ring, der die „geheime Kraft" hat, seinen Träger „vor Gott und Menschen angenehm zu machen", wurde seit Generationen jeweils vom Vater dem liebsten seiner Söhne vererbt. Da dem letzten Besitzer des Ringes seine drei Söhne gleich lieb waren, ließ er neben dem echten Ring zwei täuschend echte anfertigen, so dass der Vater selbst den eigentlichen Ring nicht mehr erkennen konnte. Der Fall kommt vor einen Richter, der den Söhnen, von denen jeder den Anspruch erhebt, der rechtmäßige Besitzer zu sein, den folgenden Rat gibt:

[…] Hat von
Euch jeder seinen Ring von seinem Vater:
So glaube jeder sicher seinen Ring
Den echten. – Möglich; daß der Vater nun
Die Tyrannei des einen Rings nicht länger
In seinem Hause dulden wollen! – Und gewiß;
Daß er euch alle drei geliebt, und gleich
Geliebt: indem er zwei nicht drücken mögen,
Um einen zu begünstigen. – Wohlan!
Es eifre jeder seiner unbestochnen,
Von Vorurteilen freien Liebe nach!
Es strebe von euch jeder um die Wette,
Die Kraft des Steins in seinem Ring' an Tag
Zu legen! komme dieser Kraft mit Sanftmut,
Mit herzlicher Verträglichkeit, mit Wohltun,
Mit innigster Ergebenheit in Gott
Zu Hilf'! Und wenn sich dann der Steine Kräfte
Bei euern Kindes-Kindeskindern äußern:
So lad ich über tausend tausend Jahre
Sie wiederum vor diesen Stuhl. Da wird
Ein weisrer Mann auf diesem Stuhle sitzen
Als ich: und sprechen. […]
(Lessing, *Nathan der Weise*)

Der Richter zieht hiermit die Konsequenz aus der bisherigen Geschichte der Religionen. Die Selbstbezogenheit der Offenbarungsreligionen wird kritisiert und an ihrer Stelle die Idee der Vernunftreligion verfochten. Der Wettstreit der Religionen kann nicht dogmatisch entschieden werden, sondern nur dadurch, dass die Angehörigen der jeweiligen Religionen der „von Vorurteilen freien Liebe“ nacheifern, da Gott „die Tyrannei des einen Rings nicht länger [...] dulden“ wolle. Dies hat jedoch zur Folge, dass der Streit der Religionen nicht autoritär entschieden werden kann, sondern nur dadurch, dass sich der Einzelne seiner Verantwortung bewusst wird und im Sinne des Toleranzgedankens dem Andersgläubigen mit „Sanftmut“, mit „Verträglichkeit“ und „Wohltun“ gegenübertritt – also bereits die von Kant kritisierte Bequemlichkeit überwindet und sich im und am Denken orientiert.

6 Die Fabeldichtung der Aufklärung

Insbesondere die Gattung der Fabel war in den Augen der Schriftsteller der Aufklärung geeignet, den Erziehungsanspruch der Aufklärer zu verwirklichen.

Die Textgattung der Fabel (lat.: fabula = Rede, Erzählung) ist eine Untergattung der didaktischen Literatur, die mit einer lehrhaften Tendenz einhergeht. Eine Fabel besteht in ihrer klassischen Form aus zwei Elementen, nämlich einer kleinen Erzählung, zumeist eine Tiergeschichte, und einem sich daran anschließenden Kommentar, der die eigentliche Moral zum Ausdruck bringt. Im Verlauf der Gattungsgeschichte haben sich hierbei bestimmte feststehende Zuordnungen eingebürgert (Lamm = Einfältigkeit; Fuchs = List und Schläue; Rabe = Eitelkeit und Dummheit; Maus = Schnelligkeit und Gewitztheit; Schlange = Hinterhältigkeit).

Dieser Struktur entsprechen vielfach die Fabeln Christian Fürchtegott Gellerts (1715–1769), einem weiteren wichtigen Autoren der Aufklärung, der sein aufklärerisches Gedankengut mit einem pietistisch ausgerichteten Christentum und einer heiteren Lebensklugheit zu verbinden wusste.

7 Auf einen Blick

Autoren

Johann Christoph Gottsched (1700-1766), Gotthold Epharaim Lessing (1729-1781), Christian Fürchtegott Gellert (1715-1769)

Sprach- und Dichtungsverständnis

Die Sprache wird aufgefasst als Spiegel des Verstandes und nicht mehr wie im Barock als Mittel zur Abbildung einer vorgegebenen Ordnung.

Schlüsselbegriffe der Epoche

Sich am und im Denken orientieren, Forderung nach aktivem Handeln und fortgesetztem Streben nach Erkenntnis, Ideal der Humanität, Idee der Toleranz und Vernunftreligion.

Kernsatz

„Sapere aude! Habe Mut, dich deines eigenen Verstandes zu bedienen!“ (Kant)

Bevorzugte Gattungen

Drama und Fabel

Merkmale des Dramas

Orientierung am französischen Drama (Gottsched) und am englischen Drama (Lessing).

Werke

Lessing, *Emilia Galotti* (Bürgerliches Trauerspiel), *Minna von Barnhelm* (Lustspiel), *Nathan der Weise* (Dramatisches Gedicht); Gellert, *Fabeln*

Wichtige theoretische Schriften

Gottsched, *Versuch einer kritischen Dichtkunst vor die Deutschen* (1730); Lessing, *Briefe, die neueste Literatur betreffend* (1759 – 1765), *Hamburgische Dramaturgie* (1769), *Die Erziehung des Menschengeschlechts* (1777); Kant, *Was ist Aufklärung?* (1784)

Sturm und Drang

1 Das Gefühl ist mehr als die Vernunft

„Le sentiment est le plus que la raison" – Das Gefühl ist mehr als die Vernunft: Dieser Satz Jean Jacques Rousseaus (1712–1778) drückt zutreffend das Lebensgefühl der Sturm und Drang-Dichter aus. Diese Epoche verdankt ihren Namen dem Schauspiel *Sturm und Drang* (1777), verfasst von Friedrich Maximilian Klinger (1752–1831), einem Günstling Goethes, der diesem Drama in seiner ursprünglichen Fassung den Titel *Wirrwarr* gab.

Die Dichter des Sturm und Drang eint die Grundüberzeugung, dass der Sinn des Lebens in der freien und unverfälschten Entfaltung der Natürlichkeit des Menschen liegt. Der Realisierung dieses Lebens sind jedoch gesellschaftliche Grenzen gesetzt. Diesen Konflikt zwischen Natur und Kultur drückt Rousseau so aus: „Der Mensch wird frei geboren, aber überall liegt er in Ketten!"

Der Sturm und Drang war eine Protest- und zugleich eine Jugendbewegung. Der Protest richtete sich gegen

- den Absolutismus und den höfischen Adel,
- das bürgerliche Berufsleben, das man für eng und freudlos hielt und
- die überkommene Tradition in Kunst und Literatur.

Die Ursache dafür, dass der Mensch seine Natürlichkeit nicht frei entfalten kann, sehen die Anhänger des Sturm und Drang vornehmlich in der Enge gesellschaftlicher Konventionen begründet, in deren Folge sich vielfach ein geistiges Klima der Untertänigkeit, bürgerlicher Enge und Borniertheit herausbildete. Diese Borniertheit kann in ihren Augen nur durch eine

Rückwendung zur Natur durchbrochen werden, wo sich Herz und Gefühl unverstellt und frei von jeglichen gesellschaftlichen Zwängen zum Ausdruck bringen können.
Dieser Vorrang des Empfindens bedeutet für die Autoren des Sturm und Drang in erster Linie, das eigene Ich von allen gesellschaftlichen Fesseln zu befreien, da in ihren Augen nur so die eigene Identität zur Geltung kommen kann. Aus diesem Grund formuliert Herder, als er die Schriften Rousseaus las, den folgenden, für die Zeit des Sturm und Drang zentralen Gedanken:

„Hat man je etwas Wunderbareres gesehen als ein schlagendes Herz mit seinen unerschöpflichen Reizen? [...] Unser Denken hängt ab vom Empfinden".

2 Der Künstler als Genie

Den Dichtern des Sturm und Drang galt ein Kunstwerk nur dann als ein solches, wenn sich darin die Genialität des Künstlers, seine schöpferische Eigenständigkeit und sein individuelles Lebensgefühl ausdrückte. Entscheidenden Einfluss auf diesen Geniekult des Sturm und Drang hatte dabei Johann Gottfried Herder (1744–1803). Dem als Gängelung empfundenen Erziehungsgedanken der Aufklärung, die den Menschen zu belehren und zu bessern versuchte und den Dichter als Gelehrten versteht, setzte Herder die Auffassung entgegen, dass der Dichter sein Herz, sein Gefühl und seine Empfindungen im Hier und Jetzt unmittelbar zum Ausdruck zu bringen habe.

3 Die Dichter des Sturm und Drang

Die literarische Bewegung des Sturm und Drang erfuhr durch eine Begegnung Goethes mit dem nur fünf Jahre älteren Herder im Jahre 1770/1771 ihren entscheidenden Anstoss. Um Goethe und Herder bildete sich in Straßburg und Frankfurt eine Gruppe junger Dichter, während sich parallel in Schwaben um den jungen Schiller ein weiterer Kreis von Autoren mit ähnlichen Ambitionen herauskristallisierte.

Eine andere Gruppe sammelte sich in Göttingen. Ihr Vorbild war Klopstock (1724–1803), nach dessen Ode *Der Hügel und der Hain* sich diese Gruppe Hainbund nannte, zu deren führenden Mitgliedern Ludwig Hölty (1748–1776) und Johann Heinrich Voß (1751–1826) gehörten. Gottfried August Bürger (1747–1794) und Matthias Claudius (1740–1815) gehörten dem Hainbund zwar nicht an, waren ihm aber freundschaftlich verbunden.

4 Das Drama im Sturm und Drang

Der junge Goethe sammelte eine Gruppe von Dramatikern um sich, die mit Aufsehen erregenden Stücken den neuen Lebensstil entwarfen. Leidenschaftlich traten diese – mit Ausnahme Goethes entstammten sie allesamt niederer Herkunft – für neue ästhetische und politische Freiheiten ein.

Hinsichtlich der Gestaltung des Dramas orientierten sich die Dichter des Sturm und Drang an Shakespeare. Goethe übernahm schon früh die Shakespeare-Begeisterung Herders und erläuterte in seiner Rede *Zum Shakespearetag* seine Vorstellungen über das Theater, das in erster Linie „das Eigentümliche unsres Ichs“ und die „Freiheit unsres Wollens“ zu zeigen habe. Der Freiheit des Wollens waren jedoch gesellschaftliche Grenzen gesetzt, da die Freiheit des Wollens mit dem „notwendigen Gang des Ganzen zusammenstößt“.

Der Konflikt zwischen der Natürlichkeit des Individuums und den gesellschaftlichen Zwängen steht im Zentrum der dramatischen Dichtung. Von herausragender Bedeutung sind Schillers Darstellungen des Ringens um politische Freiheiten in den Dramen *Kabale und Liebe* und *Fiesco*. Den Kampf gegen die Gesellschaft zeigen Goethes *Götz von Berlichingen* und Schillers *Räuber*.

In *Kabale und Liebe*, Schiller nennt es ein bürgerliches Trauerspiel, rückt Schiller den Konflikt zwischen Herrscherwillkür und dem Anspruch einer über alle Standesunterschiede erhabenen Liebe in den Vordergrund. Schiller zeigt in diesem Trauerspiel eine zynische und von Zwängen geprägte Welt, die dem handelnden Menschen kaum eine Chance zur freien Entfaltung lässt. Die Frage, inwieweit sich die Glückserwartungen des Einzelnen realisieren lassen können, ist das beherrschende Grundmotiv. Letztlich wird sie durch den Tod der Protagonisten negativ beantwortet.

Im Zentrum des Stücks steht dabei die Liebe zwischen Ferdinand von Walter, Sohn eines einflussreichen Adligen, und Luise, Tochter des Musikers Miller. Um diese Liebe zu verhindern – es ist geplant, Ferdinand mit Lady Milford zu verheiraten – greifen der Vater von Ferdinand und sein Sekretär Wurm zu einer bösartigen List: Die Eltern Luises geraten wegen einer angeblichen Majestätsbeleidigung in Haft. Wurm zwingt daraufhin Luise, einen (diktierten) Liebesbrief an den Hofmarschall von Kalb zu verfassen, da andernfalls ihre Eltern hingerichtet werden würden. Außerdem muss sie beiden versichern, diesen Brief aus freien Stücken geschrieben zu haben. Der Brief wird Ferdinand zugespielt, der prompt in die Falle tappt und sich, blind vor Wut, an Luise zu rächen gedenkt. Das Stück endet damit, dass Ferdinand Luise und sich selbst vergiftet. Sterbend vergibt sie Ferdinand, der, selbst in den letzten Atemzügen liegend, seinem eigenen Vater vergeben kann.

5 Die Dramen von Jakob Michael Reinhold Lenz

In den Dramen von Lenz (1751–1792), der mit 26 Jahren an Schizophrenie erkrankte, zeigt sich am deutlichsten die sozialkritische Dimension der Dramen des Sturm und Drang.

Das Drama *Der Hofmeister* (1774) – Lenz bezeichnete es doppelsinnig als Komödie – schildert das Schicksal des Hofmeisters Läuffer, der sich selbst durch Kastration straft, weil er die Tochter des Majors von Berg, der ihn als Hauslehrer anstellte, schwängerte.

Als Läuffer seinen Dienst im Hause des Majors antritt, findet er dort ein Klima der Borniertheit, Dummheit und Herrschsucht vor, das den gesamten Fortgang des Dramas bestimmt. Mehr aus Langeweile und Schwärmerei denn aus Liebe kommen sich Läuffer und Gustchen näher. Als sich herausstellt, dass Gustchen schwanger ist, versucht sie sich das Leben zu nehmen, wird aber im letzten Moment gerettet. Läuffer flieht zum Schulmeister Wenzeslaus, wo er sich aus Angst und Reue entmannt. Bezeichnenderweise endet das Drama lapidar: Läuffer heiratet ein unbedarftes Mädchen vom Lande, dem seine fehlende Männlichkeit nichts ausmacht. Gustchen findet Unterschlupf bei Fritz, dem Sohn des Bruders des Majors. Kein Konflikt des Dramas wird gelöst, stets regiert der Zufall, an keiner Stelle beherrschen die Protagonisten die Bedingungen ihrer Existenz. Stattdessen haben stets die Begebenheiten Macht über die Charaktere. Infolgedessen erscheint Läuffer zum Schluss als lächerliches und erbarmungswürdiges Opfer, das absurde gesellschaftliche Normen verinnerlicht hat.

Ähnlich ist die Konstellation im Drama *Die Soldaten* (1776), das wie *Der Hofmeister* auf eine authentische Geschichte zurückgeht. Wie in *Der Hofmeister* verweben sich hier tragische und komische Elemente zu einem Zerrspiegel der bürgerlichen Fassade.

Die Galanteriehändlertochter Maria Wesener lässt sich vom Offizier Desportes verführen, der sie jedoch dann umgehend verlässt. Marie aber hat an der galanten Lebensweise gefallen gefunden und ist trotz dieser Erfahrung für ihren Freund, den Zivilisten Stolzius, verloren. Sie flieht, um ihren verschwundenen Geliebten zu finden. Stolzius seinserseits tritt in den Militärdienst ein und sorgt dafür, dass Maria von seinen Jägern gefangen genommen wird. Stolzius gelingt es im weiteren Fortgang des Stückes, den untreuen Desportes und zugleich sich selbst mit Rattengift zu töten. Der ruinierte Vater Wesener, der für seinen vermutlichen Schwiegersohn eine Kaution hinterlegt hat, sucht seine Tochter und findet sie schließlich als Bettlerin. Sie fallen sich um den Hals und wälzen sich vor Wiedersehensfreude auf der Erde – eine Versöhnung, die animalisch und tieftraurig anmutet.

6 Der Roman des Sturm und Drang: Goethes Werther

Auch wenn der Roman als Gattung insgesamt während der Zeit des Sturm und Drangs eine untergeordnete Rolle spielte, sticht Goethes *Die Leiden des jungen Werther* hervor, ein Roman, der ein gigantischer Bucherfolg war. Die Erstfassung von 1774 erreichte bis 1790 dreißig, die Zweitfassung von 1787 bis zu seinem Tode noch einmal fünfundzwanzig Auflagen, rasch folgten Übersetzungen ins Französische, Englische und Italienische.
Der Erfolg des Romans beruhte darauf, dass Goethe dem Lebensgefühl einer ganzen Generation Ausdruck verliehen hat. Die Identifikation der Leser ging dabei so weit, dass der Roman eine regelrechte Selbstmordwelle auslöste.
Goethe wählte für den Werther die Form des Briefromans. Der junge, wohlhabende Werther verliebt sich in Lotte, die jedoch mit dem nüchternen und arbeitsamen Albert, den sie später heiraten wird, verlobt ist. Als Werther erkennt, dass Lotte für ihn unerreichbar ist, sieht er einzig im Selbstmord die Lösung seiner unglücklichen Liebe. Einen Tag vor Weihnachten erschießt er sich nach einem letzten Besuch bei Lotte.

Thematisch behandelt der Roman alle die für den Sturm und Drang typischen Motive: das Motiv des idyllischen Landlebens und der Verherrlichung der Natur, die den Werten des bürgerlichen (Stadt)-Lebens entgegengesetzt wird, das Motiv der bedingungslosen Liebe, die gegen die bürgerlichen Konventionen rebelliert, das Motiv der Erneuerung von Kunst und Literatur gegenüber der Regelpoetik der Aufklärung und das Motiv der Revolte gegenüber der gesellschaftlichen Ordnung.

Entscheidend für den Erfolg des Werther ist das ausgeklügelte Kompositionsprinzip dieser Dreiecksgeschichte und deren sprachliche Ausgestaltung. Formal ist der Roman in zwei Teile gegliedert, die einander vielfach entsprechen, allerdings unter umgekehrten Vorzeichen: Während der erste Teil Werthers Glück beschreibt, steht im zweiten Teil Werthers Katastrophe im Zentrum. Dieser Wendung, die mit einem gesteigerten Erzähltempo einhergeht, entsprechen eine Fülle von Analogien auf allen Ebenen des Textes.

Kompositionsprinzipien im Werther

Erster Teil	↔	**Zweiter Teil**
Werthers anfängliches Glück	↔	Werthers Schicksal
Entdeckung des Idylls	↔	Zerstörung des Idylls
Werthers Verachtung der bürgerlichen Welt	↔	Werthers Versagen im höfischen Dienst
Werthers Empfindsamkeit (Innenperspektive)	↔	Werthers Krankheit (Außenperspektive: Beurteilung Werthers durch einen fiktiven Herausgeber)

7 Die Lyrik des Sturm und Drang

Auflehnung ist das Grundmotiv des Sturm und Drang, also das Geltendmachen der eigenen Individualität angesichts einer Kultur, die stark von standesrechtlichen Privilegien und Regeln gekennzeichnet ist.

Nirgends wird dies so deutlich wie in der Lyrik des Sturm und Drangs, in dem sich der Dichter, das Genie, über seine Umwelt erhebt und seinem Drang nach Selbstverwirklichung, Lebenslust, nach lebendiger und echter Natur- und Liebeserfahrung Ausdruck verleiht – zumeist in wenig gebändigten Formen und Versmaßen und in einer sehr ausdrucksstarken expressiven Wortwahl. Nicht zuletzt deswegen wurde hierfür der Begriff der Erlebnislyrik geprägt. Die Liebe wird dabei als etwas Totales, Umfassendes verstanden: Sie ist ein persönliches Erlebnis und zugleich eine überpersönliche Macht, sie bildet eine Einheit von Seele, Natur und entkonfessionalisierter Religiösität.

Stilistisch ist diese Lyrik vornehmlich durch einen unruhigen, vorwärtsdrängenden Rhythmus, Ellipsen, einen parataktischen Satzbau und den Gebrauch von Superlativen geprägt. Traditionelle Versformen werden gesprengt, stattdessen sind vielfach freie Rhythmen anzutreffen. Das lyrische Ich bedient sich vorwiegend einer hymnisch-feierlichen Sprache, die in erster Linie dem Ausdruck emotionaler Ergriffenheit und dem Ausdruck der Auflehnung des lyrischen Ichs gegenüber jeglicher Ordnung dient.

Prototypische Bedeutung für dieses lyrische Konzept hat dabei Goethes Gedicht *Prometheus*, es entstand vermutlich 1774. Ohne die Einwilligung Goethes wurde der Text 1785 von Friedrich Heinrich Jacobi veröffentlicht, die erste autorisierte Veröffentlichung stammt aus dem Jahre 1789. Goethe hat dabei die mythologische Figur des Prometheus zum Grundmotiv dieses Gedichtes erhoben. Prometheus, der gegen die Götter revoltierte, indem er den Menschen das Feuer brachte, entthronte die Götter, die damit ihr Machtinstument an die Menschen verloren hatten.

Goethe, Prometheus

Bedecke deinen Himmel, Zeus,
Mit Wolkendunst!
Und übe, Knaben gleich,
Der Diesteln köpft,
An Eichen dich und Bergeshöhn!
Mußt mir meine Erde
Doch lassen stehn,
Und meine Hütte,
Die du nicht gebaut,
Und meinen Herd,
Um dessen Glut
Du mich beneidest.

Ich kenne nichts Ärmer's
Unter der Sonn' als euch Götter.
Ihr nähret kümmerlich
Von Opfersteuern
Und Gebetshauch
Eure Majestät
Und darbtet, wären
Nicht Kinder und Bettler
Hoffnungsvolle Toren.

Da ich ein Kind war,
Nicht wußt', wo aus, wo ein,
Kehrte mein verirrtes Aug'
Zur Sonne, als wenn drüber wär'
Ein Ohr, zu hören meine Klage,
Ein Herz wie meins,
Sich des Bedrängten zu erbarmen.

Wer half mir wider
Der Titanen Übermut?
Wer rettete vom Tode mich,
Von Sklaverei?
Hast du's nicht alles selbst vollendet,
Heilig glühend Herz?
Und glühtest, jung und gut,
Betrogen, Rettungsdank
Dem Schlafenden dadroben?

Ich dich ehren? Wofür?
Hast du die Schmerzen gelindert
Je des Beladenen?
Hast du die Tränen gestillet
Je des Geängsteten?
Hat nicht mich zum Manne geschmiedet
Die allmächtige Zeit
Und das ewige Schicksal,
Meine Herrn und deine?

Wähntest du etwa,
Ich sollte das Leben hassen,
In Wüsten fliehen,
Weil nicht alle Knabenmorgen-
Blütenträume reiften?

Hier sitz' ich, forme Menschen
Nach meinem Bilde,
Ein Geschlecht, das mir gleich sei,
Zu leiden, weinen,
Genießen und zu freuen sich,
Und dein nicht zu achten,
Wie ich.

Interpretation

Das reimlose Gedicht besteht aus 7 Strophen ungleicher Verszahl, die ungleich langen Verse schwanken zwischen zwei und zehn Silben. Es weist kein regelmäßiges Metrum auf. Der Auftakt des Gedichtes ist überaus fulminant (Z. 1–5): Das lyrische Ich wendet sich in Form eines Imperativs an Zeus und pervertiert so die eigentlich erwartete Rollenverteilung: Prometheus, der aufrührerisch-kämpferische Held der altgriechischen Mythologie, wendet sich ironisch an Zeus. Prometheus fordert ihn auf, seine mit Blitz und Donner gerüstete Macht an „Eichen" und „Bergeshöhen" zu erproben, um dann triumphierend zu resümieren, dass er die von Prometheus erschaffene Welt („Hütte", „Herd", „Glut" Z. 8–11) wohl oder übel zu respektieren habe. Diese ironische Diktion steigert sich zusehends und mündet in Spott (Z. 13–17). Sprachlich realisiert sich dieser Spott durch den Gebrauch zahlreicher Imperative („Bedecke"; „Übe") und bissiger rhetorischer Fragen („Ich dich ehren? Wofür?" Z. 38) sowie durch den ebenfalls zahlreichen Gebrauch von Personalpronomia. Die göttliche Sphäre wird deutlich negativ und die Sphäre des lyrischen Ichs deutlich positiv bewertet. Der Grund der Auflehnung gegen die Götter ist begründet in der Erkenntnis ihrer Macht- und folglich auch Bedeutungslosigkeit (Z. 38–42) und der Selbsterkenntnis der eigenen Stärken und Fähigkeiten (Z. 29–37) – zwei Motive, die letztlich empathisch in der Selbstbehauptung der eigenen, genialischen Identität mündet (Z. 52–58).

8 Auf einen Blick

Autoren
Friedrich Gottlieb Klopstock (1724–1803), Johann Wolfgang Goethe (1749–1832), Friedrich Schiller (1759–1805), Jakob Michael Reinhold Lenz (1751–1792), Gottfried August Bürger (1747–1794)

literarische Zentren
Straßburg, Frankfurt, Göttingen

Sprachverständnis
Die Sprache fungiert als Spiegel des Ichs, nicht als Spiegel des Verstandes.

Schlüsselbegriffe der Epoche
„Herz“, „Genie“, „Empfindung“, „Natur“

Kernsatz
„Der Mensch wird frei geboren, aber überall liegt er in Ketten!“ (Rousseau)

Bevorzugte Gattungen
Drama und Lyrik, Sonderstellung des Werther

Wichtige theoretische Schriften
Johann Wolfgang Goethe, *Zum Shakespearestag* (Rede 1771)

Klassik

1 Bildung statt Revolution

„Edel sei der Mensch, / Hilfreich und gut!" Diese ersten beiden Verse aus Goethes Gedicht *Das Göttliche* drücken den Wunsch und die Sehnsucht nach einer moralisch und ästhetisch kultivierten Welt aus.
Die von Goethe und Schiller, aber auch von Herder verfochtene Idee der Kultivierung und Ästhetisierung der Wirklichkeit gewinnt ihr Profil in der Auseinandersetzung mit der Französischen Revolution. Die beginnende Frühindustrialisierung, die Französische Revolution und die Krise des europäischen Feudalsystems waren die das Zeitgeschehen beherrschenden Themen. Die Reaktionen auf das aufsehenerregende wie verwirrende Revolutionsgeschehen waren kontrovers. Sie reichten von enthusiastischer Zustimmung bis zu prinzipieller Ablehnung. Insbesondere die Septembermorde des Jahres 1792 und die Hinrichtung des Königs im Jahre 1793 ließ viele zurückschrecken.

Goethe selbst war von der Französischen Revolution fasziniert, aber kein Revolutionsfreund. Als Minister in Weimar vertrat er einen politischen Reformkurs, demgemäß Fürsten und Untertanen, Adel und Bürger gemeinsam in einem Entwicklungsprozess innerhalb des Bestehenden zeitgerechte Reformen verwirklichten sollten.

Diesem realpolitischen Reformkurs entspricht ein ästhetischer Idealismus, ein von Goethe und Schiller gemeinsam in Weimar entwickeltes Programm der Bildung zur Humanität durch Kunst und Dichtung.

Realpolitischer Reformkurs und ästhetischer Idealismus

Politische Ebene		Ästhetische Ebene
Ablehnung der Radikalität der Französischen Revolution; Ablehnung der Idee eines gewaltsamen Umsturzes bestehender Ordnungen	↔	Formulierung der These, dass eine Umwandlung des Staates eine Umwandlung der Gesellschaft voraussetze
↓		↓
Forderung nach einem moderaten politischen Reformkurs		Forderung nach ästhetischer Erziehung und Bildung zur Humanität als Aufgabe der Zeit und als Vorbedingung der Umwandlung der Gesellschaft

2 Der menschliche Idealzustand und das Charakterschöne

Nach Goethe und Schiller ist es die Aufgabe der Kunst, einen menschlichen Idealzustand zu beschreiben und diesen im Kunstgenuss erlebbar zu machen. Die Kunst der Klassik ist ihrem eigenen Verständnis nach zweckfrei, da sie gegenüber der Realität und ihren Zwängen einen eigenen Erfahrungsraum beschreibt, der dem Menschen erst die Begegnung mit dem Wahren, Schönen und Guten ermöglicht.
Diese Trennung von Kunst und Leben sowie die Behauptung der Autonomie der Kunst wird als Befreiung der Kunst empfunden, die nun nicht mehr vordergründig an gesellschaftliche Zwecke gebunden scheint. Der Mensch – so Schiller – ist nur Mensch, „wenn er spielt", also zweckfrei sich selbst in der ästhetischen Erfahrung und im ästhetischen Spiel begegnet.

„Der Nutzen ist das große Idol der Zeit, dem alle Kräfte fronen und alle Talente huldigen sollen. Auf dieser groben Waage hat das geistige Verdienst der Kunst kein Gewicht" (Schiller, *Über die ästhetische Erziehung des Menschen, 6. Brief*);

„Je mehr das beschränkte Interesse der Gegenwart die Gemüter in Spannung setzt [...] desto dringender wird das Bedürfnis, durch ein allgemeines und höheres Interesse an dem, was rein menschlich und über allen Einfluß der Zeiten erhaben ist [...] unter der Fahne der Wahrheit und Schönheit wieder zu vereinigen" (Schiller, *Ankündigung der Zeitschrift „Die Horen", 1794*).

Das Selbstverständnis der Literatur zur Zeit der Aufklärung, des Sturm und Drang und der Klassik

Aufklärung	Sturm und Drang	Klassik
Literarischer Appell an den Verstand des Menschen	Literarische Manifestation der Unbedingtheit des Willens	Entwurf eines harmonischen Gleichgewichtes zwischen Verstand und Gefühl
Literatur als Mittel zur Erziehung und politisch-gesellschaftlichen Emanzipation des Menschen	Literatur als Sprachrohr des Genies, das bedingungslos gegen seine Umwelt revoltiert	Literatur als zweckfreier Raum ästhetischer Erfahrung und Darstellung des Idealischen, ‚Rein-Menschlichen'

Der rein menschliche Idealzustand ist nach Schiller durch die von ihm so genannte Charakterschönheit ausgezeichnet, unter der Schiller in der Tradition Kants die Idealvorstellung eines Menschen versteht, der das, was die Moral ihm als zwingend zu tun vorgibt, zu seinem eigenen Willen macht.

Charakterschönheit nach Schiller

↓

Identität
der Vernunft – und Naturbestimmung des Menschen;
Identität von Pflicht und Neigung

↓

Harmonie
zwischen den Ausdruckselementen des Verstandes und des Gefühls und damit Überwindung und Aufhebung der Ansprüche der Literatur der Aufklärung und des Sturm und Drang.

3 Die griechische Antike als Muster

Das antike Griechentum diente Goethe und Schiller als Muster für die Entwicklung der Literaturauffassung der Weimarer Klassik. Sowohl der Gedanke der Humanität, also die Vorstellung des Ideals der Harmonie zwischen Vernunft und Natur, als auch das Bemühen um die Darstellung des schönen Menschen in der Kunst sahen Goethe und Schiller in der griechischen Antike angelegt, da diese – so Goethe – das „Bedürfnis von etwas Musterhaftem" zum Ausdruck brachte.

Entscheidenden Anstoß für die Beschäftigung mit der griechischen Antike erfuhr die Klassik durch Johann Joachim Winckelmann (1717–1768), der durch seine *Gedanken über die Nachahmung der griechischen Werke in der Malerei und Bildhauerkunst* (1755) und durch seine *Geschichte der Kunst des Altertums* (1764) ein Griechenlandbild schuf, das bis weit ins 19. Jahrhundert prägend war. Einer der Kernsätze im Werk Winckelmanns lautet: *„Das allgemeine Kennzeichen der griechischen Meister-*

stücke ist eine edle Einfalt und stille Größe – sowohl in der Stellung als im Ausdruck."

Antike und Griechentum waren dabei nicht der Anlass für eine rückwärts gerichtete Beschäftigung, sondern wurden von den Dichtern der deutschen Klassik als Vorbild für das eigene Schaffen betrachtet. Hierzu gehört die Vorstellung, dass das Kunstwerk idealerweise eine organische, in sich selbst ruhende Ganzheit darstellen soll. Die Prinzipien von Maß, Ordnung, Fasslichkeit, Symmetrie und Proportion bilden einen wohlkalkulierten Zusammenhang. Die äußere Form ist dabei als der Zugang zum inneren Wesen des Kunstwerks aufzufassen, das sich immer nur als Ganzes erschließt und als Ganzes für sich selbst spricht.

4 Kulturelle Leistungen zur Zeit der Klassik

Die Zeit der literarischen Klassik zwischen 1775 und 1810 ist geprägt durch eine beispiellose Fülle kultureller Erscheinungen.

Philosophie	Die Philosophie der Neuzeit erfährt eine entscheidende Reform durch Immanuel Kant, der insbesondere auch Schillers Auffassungen nachhaltig prägte. 1781 erscheint die *Kritik der reinen Vernunft*, 1788 die *Kritik der praktischen Vernunft* und 1790 die *Kritik der Urteilskraft*.
Erziehungswissenschaften, Bildende Kunst	Erneuerung des Erziehungswesens durch Pestalozzi (1746–1827), Durchführung einer Bildungsreform durch Wilhelm von Humboldt (1767–1835) und in diesem Zusammenhang Gründung der Berliner Universität. Humboldt stellt das in der Weimarer Klassik entwickelte Ideal einer auf der Antike gründenden harmonischen Humanität in den Mittelpunkt der Bildung.

Bildende Kunst	Es entstehen bedeutende Plastiken nach dem Vorbild der Antike, bei denen das Typische bevorzugt wird, insbesondere durch Thorvaldsen (1768-1844), Canova (1757-1822), Gottfried Schadow (1764-1850).
Architektur, Malerei	Karl Friedrich Schinkel (1781-1841), Jacques-Louis David (1748-1825), Jean-Auguste Dominique Ingres (1780-1867), Johann Heinrich Wilhelm Tischbein (1751-1829)
Musik	Es kommt zur Entwicklung eines neuen Klavierstils. Seit 1770 erscheint die Sonate zumeist viersätzig, wobei dieser Aufbau auch für die Sinfonie, das Streichquartett und andere Formen der Kammermusik maßgeblich wird. In die Zeit der Klassik fällt das Werk Haydns (1732-1809), Mozarts (1756-1791) und Beethovens (1770-1827).

5 Die klassische Lyrik

Der rebellische Ton des Sturm und Drang wird in der Lyrik zu Gunsten der Darstellung des Idealischen aufgegeben. An die Stelle der Manifestation der Unbedingtheit des genialischen Willens tritt der Entwurf des harmonischen Gleichgewichts zwischen Verstand und Gefühl und an die Stelle ungebändigter freier Rhythmen tritt das Bedürfnis nach der Entwicklung einer strengen Form, die von Goethe und Schiller als der Schlüssel zum Zugang der ästhetischen Erfahrung des Wahren, Schönen und Guten verstanden wurde. Schiller bringt dies programmatisch in dem Gedicht *Die Künstler* zum Ausdruck:

Schiller, Die Künstler (Auszug)

[…]
Der Menschheit Würde ist in eure Hand gegeben,
Bewahrtet sie!
Sie sinkt mit euch! Mit euch wird sie sich heben!
Die Dichtung heilige Magie
Dient einem weisen Weltenplane,
Still lenkte sie zum Ozeane
Der großen Harmonie!
[…]

Die lyrische Gestaltung des Ideals der Charakterschönheit findet im lyrischen Werk Schillers ihren Ort vorwiegend in den Ideenballaden *(Der Taucher, Der Handschuh, Die Bürgschaft)*, die den Widerstreit von Freiheit und Notwendigkeit, Wille und Vernunft zum Thema haben. Diese Balladen zeigen dabei ähnlich wie in der klassischen Tragödie an einer dramatischen Handlung die ethische Dimension menschlichen Handelns, das im Sinne Schillers dann als harmonisch zu charakterisieren ist,

> […] „wenn sich das sittliche Gefühl […] endlich bis zu dem Grade versichert hat, daß es dem Affekt die Leitung des Willens ohne Scheu überlassen darf und nie Gefahr läuft, mit den Entscheidungen desselben im Widerspruch zu stehen".
> (Friedrich Schiller, *Über Anmut und Würde*)

Da der harmonische Idealzustand aber nicht der tatsächlichen Verfasstheit des Menschen entspricht, bedarf das sittliche Gefühl der Bildung und ästhetischen Erziehung. Schiller und Goethe lösen sich aus diesem Grund von der Programmatik des Sturm und Drang, in dem das Gefühl verabsolutiert wurde. Der Gefühlskult des Sturm und Drang wird in seine Grenzen verwiesen, da dieser nicht die Harmonisierung von Gefühl und Verstand, sondern die bloße Rebellion des Gefühls zu ihrem Inhalt hat. Aus diesem Grund revidiert Goethe die noch im Gedicht *Prometheus* dem Menschen zugedachte Rolle zwischen Natur und Weltordnung.

Sturm und Drang	Klassik
Ich kenne nichts Ärmer's Unter der Sonn' als euch, Götter. Goethe, *Prometheus*, Z. 13 f.	Denn mit Göttern Soll sich nicht messen Irgend ein Mensch. Goethe, *Grenzen der Menschheit*, Z. 11–13
Ich dich ehren? Wofür? Goethe, *Prometheus*, Z. 38	Nach ewigen, ehrnen, Großen Gesetzen Müssen wir alle Unseres Daseins Kreise vollenden. Goethe, *Das Göttliche* Z. 32–36

Wie Schiller geht auch Goethe davon aus, dass der Mensch weder ausschließlich durch seine Natur, noch ausschließlich durch die Vernunft geprägt ist. Da diese beiden Grundbestimmungen des Menschen oftmals einander widerstreiten, bedarf es einer Harmonisierung, das heißt der Verwirklichung des Göttlichen im Menschlichen.

Werkgegenüberstellung
Die Sturm und Drang-Dichtung Goethes und Schillers gegenüber den klassischen Werken

	Sturm und Drang	Klassik
Goethe	Straßburger Lyrik, *Götz von Berlichingen, Werther*	*Iphigenie, Tasso, Wilhelm Meisters Lehrjahre, Hermann und Dorothea, Faust Erster Teil*
Schiller	*Die Räuber, Kabale und Liebe, Don Carlos*	*Wallenstein, Maria Stuart, Die Jungfrau von Orleans, Die Braut von Messina, Wilhelm Tell*

6 Das klassische Drama: Iphigenie auf Tauris

Wie die Lyrik ist auch das Drama zur Zeit der Klassik der Idee der ästhetischen Erziehung verpflichtet. Die Dramatik Schillers und Goethes ist dabei durch die Intention geprägt, den Zuschauer suggestiv in das Bühnengeschehen hineinzuziehen, um Identifikationsmöglichkeiten mit dem inneren Konflikt des Helden zu schaffen. Dem Zuschauer wird Gelegenheit gegeben, mit einem heroischen, exemplarischen Charakter mitzuleiden. Deshalb besteht für ihn die Chance der Katharsis, also der psychischen Reinigung durch das Miterleben eines großen Konfliktes.

Zu den Schlüsseltexten der Klassik gehört Goethes *Iphigenie auf Tauris* (1787), in deren Mittelpunkt das sich wandelnde Verhältnis der Menschen zu den Göttern steht.
Iphigenie, die von ihrem Vater Agamemnon zum Sühneopfer bestimmt wurde, wird von der Göttin Diana, der sie als Priesterin dient, nach Taurien gebracht. Iphigenie gelingt es, König Thoas dazu zu bewegen, die Menschenopfer abzuschaffen. Thoas reagiert über und befiehlt, zwei auf der Insel gelandete Fremdlinge zu opfern. Dabei handelt es sich, ohne dass Iphigenie dies weiß, um ihren Bruder Orest und dessen Freund Pylades. Orest, der Klytämnestra, die Mutter der beiden, erschlagen hatte, weil sie die Schuld am Tode Agammnons trägt, wird von den Rachegöttinnen, den Furien, verfolgt. Unter der Bedingung, dass es Orest gelingt, Iphigenie zurück nach Griechenland zu bringen, versprach ihm der Gott Apollo die Erlösung von seiner Schuld. Orest missversteht jedoch einen entsprechenden Orakelspruch und ist fälschlicherweise der Ansicht, er müsse ein Bildnis der Göttin Diana nach Griechenland bringen. Als Thoas verlangt, dass Iphigenie, die zwischenzeitlich die Identität der beiden Fremden kennt, den Ritualmord an ihrem Bruder vollziehen soll, gerät sie in einen ausweglosen Konflikt, da sie sich durch den Plan von Orest, das Bildnis der Göttin Diana zu rauben und mit Iphigenie nach Griechenland zurückzukehren, in ihrer Integrität verletzt sieht. Zur Lüge unfähig tritt sie vor Thoas und offenbart

ihm die Absicht ihres Bruders. Thoas erweist sich in dieser Situation als humaner Fürst und stimmt der Rückkehr zu.

7 Goethes Faust

Goethe arbeitete bis kurz vor seinem Tode an der dramatischen Umsetzung der Faust-Sage, die seit dem 15. Jahrhundert in Umlauf war und die seit der zweiten Hälfte des 16. Jahrhunderts schriftlich festgehalten wurde.

Das Drama entzieht sich einer eindeutigen Epochenzuordnung. Goethe begann die Arbeit am Faust vermutlich spätestens zwischen 1772/1773, also noch zur Zeit des Sturm und Drang. Er veröffentlichte 1790 eine erste fragmentarische Fassung, bearbeitete den Stoff jedoch weiter und gab 1808 unter dem Titel *Faust, Eine Tragödie* den ersten Teil des Faust-Dramas heraus. Zwischen 1825 und 1831 vollendete Goethe den zweiten Teil des Dramas, veröffentlichte ihn jedoch nicht zu Lebzeiten. Erst nach Goethes Tod erschien der zweite Teil des Dramas im Jahre 1832 unter dem Titel *Faust II* auf Veranlassung der Nachlassverwalter.
Die Faust-Sage geht auf die historisch verbürgte Figur eines Schulmeisters zurück, um die sich schon zu Lebzeiten Legenden bildeten. Dieser Schulmeister, der vermutlich den Namen Georg trug und zwischen 1480 und 1536/39 lebte, galt bei den Zeitgenossen als eine seltsame Gestalt, die ein unstetes Leben führte und sich unter anderem mit astrologischen Fragen, der Erstellung von Horoskopen, aber auch mit Quacksalbereien beschäftigte.
Literarisch bedeutsam ist die Niederschrift *Historia von D. Johann Fausten dem weitbeschreyten Zauberer und Schwartzkünstler*, die 1587 von dem Frankfurter Buchhändler Spiess herausgegeben wurde. Diese Bearbeitung des Faust-Stoffes verbindet Tatsachen aus dem Leben des historischen Faust mit Schwankgeschichten und Spekulationen über Himmel und

Hölle und enthält auch schon eine Schilderung des Paktes zwischen Faust und Mephisto. Um 1590 dramatisierte in England Christopher Marlowe den Stoff, der seit der Aufklärung auf deutschen Wanderbühnen als Puppenspiel aufgeführt wurde.
Goethe, der die Puppenspielfassung des Faustst offes kannte, verbindet im ersten Teil der Tragödie Elemente der dramaturgischen Bearbeitung Marlowes (die bereits schon den berühmten Anfangsmonolog enthält, in dem Faust sich von den Wissenschaften enttäuscht zeigt und sich der Magie zuwendet) mit dem authentischen Fall der Kindsmörderin Susanna Margaretha Brandt, die am 14. Januar 1772 in Frankfurt hingerichtet wurde. Goethe, der Teile der Gerichtsakten kannte, fand hier das Vorbild für die Gretchentragödie.

Der erste Teil umfasst die Gelehrtentragödie, die die Verzweiflung Fausts an den Wissenschaften, seine Hinwendung zur Magie und seinen Pakt mit dem Teufel zum Thema hat, und die in einer Katastrophe endende Gretchentragödie.
Nachdem Faust erkennt, dass die Wissenschaften sein unbedingtes Streben nach Erkenntnis und Wahrheit nicht befriedigen können, verschreibt er sich der Magie und lässt sich auf einen Pakt mit dem Teufel ein, der ihm in der Gestalt Mephistos erscheint. Mephisto versucht Fausts rastlose Gier zu stillen, indem er ihm immer neue Reize zu bieten versucht, da er vermeintlich nur so die von Faust formulierten Bedingungen des Paktes erfüllen kann:

„Werd' ich zum Augenblicke sagen:
Verweile doch! du bist so schön!
Dann magst du mich in Fesseln schlagen,
Dann will ich gern zugrunde gehen!"

Die Tragödie endet in einer Katastrophe: Faust verführt unter Mithilfe Mephistos Gretchen, in der er ein Abbild der Göttin Helena zu sehen glaubt. Beide, Gretchen und Faust, sind jedoch der Situation nicht gewachsen: Das unbedarfte Gretchen wird zur Kindsmörderin, endet im Kerker und verfällt dem Wahnsinn, Faust verzweifelt an seiner Schuld und scheint zu resignieren.

In *Der Tragödie zweiter Teil* verwirkt Faust endgültig sein Leben an Mephisto, wird aber ähnlich wie Gretchen am Ende *Der Tragödie erster Teil*, in dem die Seele Gretchens gerettet wird, weil sie sich vorbehaltlos zu Gott bekennt, durch himmlische Heerscharen gerettet.
Im zweiten Teil der Tragödie rückt die individuelle Tragik der Figur des Faust in den Hintergrund. Im Vordergrund steht vielmehr die Entwicklung einer gewaltigen Bilderwelt, deren faustische Bewältigung zum Grundmotiv eines die wesentlichen Grundphänomene des Lebens umfassenden theatralischen Entwurfes wird: Faust wird zum Sinnbild für den Versuch der Ergründung und Beherrschung der Welt und ihrer realen und metaphysischen Abgründe.

8 Zwischen den Stühlen: Heinrich von Kleist

Neben Goethe und Schiller wirken in dieser Zeit vor allem Friedrich Hölderlin (1770–1843), Heinrich von Kleist (1777–1811), Jean Paul (1763–1825) sowie auch schon die Dichter der Romantik, die sich als geschlossene Gruppe abheben. Autoren wie Hölderlin, Kleist und Jean Paul können auf Grund der inneren Struktur ihrer Dichtungen weder der Klassik noch der Romantik eindeutig zugeordnet werden.

Kleists Werke entziehen sich dem klassischen Streben nach Harmonie. Im Gegensatz zu Schiller zieht er aus der Philosophie Kants den Schluss, dass es keine Möglichkeit zur Erkenntnis der Wahrheit gibt. Kleists Werke enden allesamt in menschlichen Katastrophen. Seine Erzählungen haben die Eigentümlichkeit, dass von diesen Katastrophen vordergründig auf eine fast teilnahmslose Weise berichtet wird. Hinter Kleists überaus kühlem Erzählstil verbirgt sich eine erschreckend rätselhafte und abgründige Welt, die mit Wendungen wie „es schien" und „als ob" ständig in Frage gestellt wird, ein Erzählstil, der wesentlich ein Resultat der Auseinandersetzung Kleists mit Kant ist. In einem Brief an Wilhelmine von Zenge vom 22. März 1801 schreibt Kleist: „Wir können nicht entscheiden, ob das, was wir Wahrheit nennen, wahrhaft Wahrheit ist, oder ob es uns nur so scheint."

Insbesondere zeigt sich das Motiv der Destruktivität der menschlichen Existenz und der Abgründigkeit der Welt in Kleists Erzählung *Das Erdbeben in Chili*.
Die Erzählung beginnt äußerst fulminant: Josephe, die Tochter eines angesehenen Bürgers von St. Jago im Königreich Chili, sinkt als Novizin in einer Nonnenprozessesion in Mutterwehen nieder. Sie wird daraufhin zum Tode verurteilt. Ihr Liebhaber Jeronimo ist verzweifelt darüber und hegt die feste Absicht, sich in seiner Gefängniszelle zu erhängen. Am Tage der Hinrichtung legt jedoch ein Erdbeben alles – die Gebäude der Stadt und die gesellschaftliche Ordnung – in Schutt und Asche. Josephe und Jeronimo gelingt die Flucht. Sie finden sich in einem Tal wieder, das auch anderen Flüchtenden als Heimstätte dient. Dort geben sich die Menschen zunächst wie eine große Familie. Dieses Idyll im Tal der zerstörten Stadt stellt jedoch nur scheinbar eine Vision einer besseren, natürlichen Ordnung des menschlichen Zusammenlebens dar. Anlässlich eines Gottesdienstes in einer Kirche demaskiert sich diese neue Ordnung und die Geschehnisse eskalieren. Im Anschluss an die Rede eines Priesters übt die hiervon aufgestachelte Menschenmenge Lynchjustiz, bei der es zu einer Reihe von Verwechslungen und vielen Toten kommt: Don Fernando wird irrtümlich für Jeronimo gehalten und kann nur der Lynchjustiz entkommen, weil Jeronimo seine Identität preisgibt. Darauf wird Jeronimo getötet und bald darauf auch Josephe. Don Fernando verliert seinen Sohn, weil dieser mit dem kleinem Philipp, dem Sohn Jeronimos und Josephes verwechselt wird. Die Erzählung endet damit, dass der überlebende Don Fernando von nun an das uneheliche Waisenkind an Stelle seines eigenen Kindes großzieht.

9 Auf einen Blick

Autoren
Friedrich Schiller (1759–1805), Johann Wolfgang von Goethe (1749–1832), Friedrich Hölderlin (1770–1843), Heinrich von Kleist (1777–1811)

literarisches Zentrum
Weimar

Schlüsselbegriffe der Epoche
Harmonie zwischen Pflicht und Neigung, ästhetische Erziehung, Humanität, Charakterschönheit, Anmut

Kernsatz
„Das Schöne ist eine Manifestation geheimer Naturgesetze, die uns ohne dessen Erscheinung ewig wären verborgen geblieben" (Goethe, *Maximen und Reflexionen* Nr. 719 HA.)

Drama
Goethe, *Iphigenie auf Tauris* (1787), *Faust. Ein Fragment* (1790); Schiller, *Wallenstein* (1798/99), *Maria Stuart* (1800), *Wilhelm Tell*(1804)

Roman
Goethe, *Wilhelm Meister* (1795/96)

Lyrik
Schillers und Goethes Ideenballaden, Hölderlins Oden

Wichtige theoretische Schriften
Schiller, *Über die ästhetische Erziehung des Menschen, in einer Reihe von Briefen* (1795)

Romantik

1 Die Poetisierung des Lebens

„Kehre deinen Blick von allem, was dich umgibt, ab und in dein Inneres, ist die erste Forderung, welche die Philosophie an ihre Lehrlinge tut. Es ist von nichts, was außer dir ist, die Rede, sondern lediglich von dir selbst". Der Philosoph Johann Gottlieb Fichte (1762–1814) drückt den Kerngedanken der Dichtung der Romantik aus, in deren Zentrum die Sehnsucht nach der Überwindung alltäglicher Begrenzungen und das Verlangen nach unbeschränkter Freiheit steht. Die Romantiker wenden sich der Welt der Phantasie, der Träume und des Unterbewusstseins des Menschen zu, da sie die nicht verwirklichten Möglichkeiten und Sehnsüchte des Menschen zu ergründen suchten. Novalis drückt dies in seinen aphoristischen Fragmenten programmatisch so aus:

[...] „nach innen geht der geheimnisvolle Weg. In uns, oder nirgends ist die Ewigkeit mit ihren Welten – die Vergangenheit und die Zukunft" (Novalis, *Vermischte Bemerkungen 17*).

Die Romantiker arbeiten auf eine Verschmelzung von Leben und Kunst hin; Ihr Ziel war es, alle Lebensbereiche zu poetisieren und damit ein universelles Gesamtkunstwerk zu schaffen, das alle künstlerischen Gattungen und alle wissenschaftlichen Disziplinen miteinbeziehen wollte.

Das romantische Dichtungsverständnis ist subjektiv und universal zugleich und versteht sich einer Formulierung Friedrich Schlegels zu Folge als progressive Universalpoesie: Das Subjekt versucht sich selbst zu ergründen, indem es alle Lebensbereiche vermischt und zu verschmelzen versucht.

Kennzeichen der progressiven Universalpoesie	
Prinzip der Subjektivität	**Prinzip der Universalität**
Ergründung des Ichs	Poetisierung und Romantisierung aller Lebensbereiche
Suche nach dem Geheimnissvollen und Wunderbaren	Verschmelzung von Malerei und Musik, Naturwissenschaften und Medizin, Philosophie und Ästhetik, Religion, Pädagogik, Geschichte und Staatstheorie
„Die romantische Poesie ist eine progressive Universalpoesie. Ihre Bestimmung ist nicht bloß, alle getrennten Gattungen der Poesie wieder zu vereinigen und die Poesie mit der Philosophie und Rhetorik in Berührung zu setzen. Sie will und soll auch Poesie und Prosa, Genialität und Kritik, Kunstpoesie und Naturpoesie bald vermischen, bald verschmelzen". (Friedrich Schlegel, *116. Athenäumsfragment*)	

2 Grundmotive der romantischen Dichtung

Neben dem Versuch, die Welt zu poetisieren und das Ich des Menschen zu ergründen, sind für das Verständnis der Romantik eine neu entstehende Mittelalterbegeisterung, das Motiv der Sehnsucht und die romantische Ironie von entscheidender Bedeutung. Der romantische Weg nach innen nimmt eine Fülle unterschiedlicher Formen an: Die Romantiker weiten den Literaturbegriff aus und schließen die Volkspoesie ausdrücklich mit ein. Die *Kinder- und Hausmärchen* der Gebrüder Grimm werden zur Weltliteratur. Clemens Brentano und Achim von Arnim geben die erste große Sammlung deutscher Volkslieder unter dem Titel *Des Knaben Wunderhorn* (1805–1808) heraus.

Kennzeichen der Dichtung der Romantik sind:

- Der Ausdruck Romantik leitet sich vom Wort Roman ab und bezeichnete zunächst etwas Erdachtes, Unwirkliches.
- Die von den Sinnen wahrgenommene Wirklichkeit ist den Romantikern nur Schein. Die wahre Wirklichkeit liegt hinter den Dingen und erschließt sich nur dem ahnenden Gefühl, der Vision und der Phantasie.
- Die Welt der Phantasie ist den Romantikern die eigentliche Wirklichkeit. Mehr als die Wirklichkeit zählen die Möglichkeiten, das eigene Ich zu entwerfen. Die konkrete Realität des Ichs ist nur eine seiner Möglichkeiten, damit aber eine Beschränkung des Ichs.
- Die Romantiker fordern den Durchbruch ins Grenzenlose und sprengen die Fesseln dichterischer Formen und betonen die spannungsreiche Vielfalt des Lebens.
- Hauptkennzeichen der romantischen Literatur ist die romantische Ironie. Die Ironie erfüllt den Zweck, das Ich aus der Wirklichkeit zu entgrenzen und ihm die Fülle seiner Möglichkeiten aufzuzeigen.
- Die Romantiker treibt die Sehnsucht nach dem Unendlichen und die Frage nach dem Urgrund allen Lebens, nach dem Ziel des Weltgeistes.

3 Die progressive Universalpoesie als Antwort auf die deutsche Klassik

Im Gegensatz zur Klassik geht es den Dichtern der Romantik nicht um die Vervollkommnung oder die Persönlichkeitsbildung des Menschen, sondern um die möglichst unbegrenzte Entfaltung seines Inneren. Die Romantiker lehnen das klassische Bedürfnis nach Gesetz, Maß und Regel ab. Da ihre Sehnsucht nicht ans Ziel kommen kann, muss die romantische Literatur per se unvollendet sein.

Klassik	Romantik
Hinwendung zur Antike	Hinwendung zum Mittelalter
Bedürfnis nach Gesetz, Maß, Regel und Harmonie	Hochschätzung der inneren Natur des Menschen
Das in sich ruhende Kunstwerk	Das nie abgeschlossene, fragmentarische Kunstwerk

4 Die Perioden der Romantik

Frühromantik (1794–1805)	Hochromantik (1806–1815)	Spätromantik (1815–1830)
Auseinandersetzung mit der Französischen Revolution und deutschen Klassik	Auseinandersetzung mit den Befreiungskriegen	Auseinandersetzung mit der Restaurationspolitik Metternichs
Jena	Heidelberg	Berlin
Abwendung von den antiken Mustern; Rückbesinnung auf die mittelalterliche Dichtung, die als „romantisch" bezeichnet wurde.	Sammlung und Herausgabe der Zeugnisse der mittelalterlichen Dichtung und der Volkspoesie	Viele Dichter der Romantik kehrten zum katholischen Glauben zurück oder konvertierten; Negativ-nihilistische Strömungen
August Wilhelm und Friedrich Schlegel, Novalis, Ludwig Tieck, Clemens Brentano	Clemens Brentano, Achim von Arnim, Jacob und Wilhelm Grimm, Ludwig Tieck, Joseph von Eichendorff	Joseph von Eichendorff, E.T.A. Hoffmann

Gelegentlich werden auch die Vertreter der so genannten Schwäbischen Romantik zur Epoche gezählt wie etwa der Balladendichter Ludwig Uhland und der Märchendichter Wilhelm Hauff.

5 Lyrik: Scheinbare Kunstlosigkeit als literarische Technik

Die Lyrik der Romantik beruht auf einer Erneuerung des Volksliedes und bedient sich einer scheinbar einfachen und eingängigen Form. Im Mittelpunkt der Dichtung stehen Volkstypen (wie Fischer, Müller, Student, Spinnerin) und typische Situationen (wie Wandern, Fahrt, Jagd), die jedoch hinsichtlich der romantischen Ideen (das Wunderbare und Geheimnisvolle, Sehnsucht, Doppelbödigkeit von Wirklichkeit und Phantasie) übersteigert werden.

Clemens Brentano: Der Spinnerin Nachtlied

Es sang vor langen Jahren
Wohl auch die Nachtigall,
Das war wohl süßer Schall,
Da wir zusammen waren.

Ich sing' und kann nicht weinen,
Und spinne so allein
Den Faden klar und rein
So lang der Mond wird scheinen.

Als wir zusammen waren,
Da sang die Nachtigall
Nun mahnet mich ihr Schall
Daß du von mir gefahren.

So oft der Mond mag scheinen,
Denk' ich wohl dein allein,
Mein Herz ist klar und rein,
Gott wolle uns vereinen.

Seit du von mir gefahren,
Singt stets die Nachtigall,
Ich denk' bei ihrem Schall,
Wie wir zusammen waren.

Gott wolle uns vereinen
Hier spinn' ich so allein,
Der Mond scheint klar und rein,
Ich sing' und möchte weinen.

Analyse: Clemens Brentano, Der Spinnerin Lied	
Sprachliche Struktur	
Strophenbau	6 gleichmäßig aufgebaute Quartette; durchgehend umarmender Reim (abba / cddc / abba / cddc / abba / cddc).
Reim, Tempus	nur vier Endreime: -aren; -all; -einen; -ein. Tempuswechsel zwischen Präsens (Strophe 2, 4, 6) und Präteritum (Strophe 1, 3, 5)
Inhaltliche Struktur	
Sprechsituation	Rollenrede eines ihren Geliebten beweinenden Mädchens, die am Spinnrad sitzt.
Zeitebenen	Gegenwart des Gesanges; Erinnerungen an die glückliche Vergangenheit mit dem Geliebten; Hoffnung auf die zukünftige Aufhebung des Zustandes der Trennung („Gott wolle uns vereinen")
Sehnsucht	Die Erlösungshoffnung des lyrische Ichs bleibt unerfüllt. Das immerwährende Scheinen des Mondes belegt die Endgültigkeit der Trennung und die Vergeblichkeit der Hoffnung.
Erleben der Gegenwart	Das gegenwärtige Erleben ist qualvoll, selbst das „Weinen" mag nicht mehr gelingen: „Ich sing' und kann nicht weinen" (stilistisch betont durch die Monotonie des Gesangs und des Gleichlaufs des Spinnrads).
Verlorengegangene Harmonie	Die Erinnerung an den Geliebten lässt das gegenwärtige Leben sehnsuchtsvoll erscheinen. Die als harmonisch empfundene Einheit von Natur und Mensch ist unwiderruflich verloren gegangen. Der aktuelle Gesang der Nachtigall vermag keinen Trost zu spenden.
Gesamtdeutung: Die ursprüngliche, aber verloren gegangene Harmonie der Liebenden führt im aktuellen Erleben der Trennung zu einer nicht stillbaren Sehnsucht.	

6 Novelle, Kunstmärchen und Märchendrama

Joeseph von Eichendorffs (1788–1857) Novelle *Aus dem Leben eines Taugenichts* ist das bis heute wohl meist gelesene Werk der Romantik.

Wichtig für das Verständnis dieser Novelle ist, dass nicht die nur lose geknüpfte Handlung im Vordergrund steht, sondern Stimmungsbilder (Traumseligkeit, Wanderlust, Sommernächte, Paläste, Gärten, Glück, Liebe und Gesang), die um das Wunschbild unbeschwerter Daseinsfreude kreisen. Die Handlung ist verblüffend einfach: Mit einer Geige unter dem Arm geht ein Müllersohn auf Wanderschaft. Als Gärtner und Zöllner liebt er eine vermeintliche Schlossdame. Wandernd und fahrend kommt er nach Italien und schließlich nach verwirrenden Abenteuern auf ein Schloss in der Nähe von Wien, wo seine Hochzeit mit einer angeblichen Gräfin, die in Wirklichkeit die Nichte des Pförtners ist, stattfindet.

Das Motiv der poetischen Verzauberung der Welt erfährt in der Spätromantik eine weitere Steigerung.
Das romantische Kunstmärchen *Der Goldene Topf* (1814) von E.T.A. Hoffmann (1776–1822) erzählt die Geschichte des Studenten Anselmus, der die Welt mit den Augen eines Poeten betrachtet und verwandelt, sodass letztlich ungewiss wird, was Wirklichkeit und was Traum ist.
Die Phantasiewelt wird zur eigentlichen Realität. Der Alltag nimmt gespenstische und bestürzende Züge an: Anselmus verliebt sich unter einem Holunderbaum in ein grünes Schlänglein. Im Hause des Archivarius Lindhorst, der in Wahrheit ein Geisterfürst ist, gewinnt er die Tochter Serpentina, die sich als das grüne Schlänglein entpuppt.

Die Frage nach dem Verhältnis von Wirklichkeit und Phantasie spielt auch in dem Märchendrama *Der gestiefelte Kater* von Ludwig Tieck (1773–1853) die entscheidende Rolle.

7 Auf einen Blick

Perioden

Frühromantik, Hochromantik, Spätromantik

Autoren

Ludwig Tieck (1773–1853), Novalis (Friedrichvon Hardenberg, 1772–1801), Friedrich Schlegel (1772–1829), Clemens Brentano (1778–1842), Joseph von Eichendorff (1788–1857), E.T.A. Hoffmann (1776–1822)

Literarische Zentren

Jena, Heidelberg, Berlin

Schlüsselbegriffe der Epoche

Progressive Universalpoesie, Sehnsucht, Ironie

Kerngedanke

Bewusstsein der Unvereinbarkeit von Ideal (Kunst, Reisen) und Wirklichkeit (Arbeit, alltägliche Sorgen). Der durch Arbeit entzauberte Mensch wird durch die Dichtung wieder verzaubert.

Kernsatz

„Nach innen geht der geheimnisvolle Weg. In uns oder nirgends ist die Ewigkeit mit ihren Welten, die Vergangenheit und die Zukunft" (Novalis).

Werke

Novalis, *Hymnen an die Nacht* (1799); Joseph von Eichendorff, *Aus dem Leben eines Taugenichts* (1826); E.T.A. Hoffmann, *Lebensansichten des Kater Murr* (1820–1822)

Vormärz und Biedermeier

1 Die Literatur wird parteiisch und politisch

„Friede den Hütten! Krieg den Palästen!" – Die Literatur des Vormärz ist aufsässig, politisch und parteiisch. Die Schriftsteller des Vormärz stehen der Restauration zwischen dem Wiener Kongress (1815) und der Märzrevolution (1848) kritisch gegenüber und üben auf der Basis liberal-demokratischer Ideale eine scharfe Kritik an Staat und Gesellschaft. Diesem Selbstverständnis gemäß schreiben sie nicht nur Romane, Novellen, Dramen und Gedichte, sondern bedienen sich auch journalistischer Formen wie der Berichterstattung oder der Sozialkritik. Die literarisch bedeutsamste Flugschrift dieser Zeit ist *Der Hessische Landbote* von Georg Büchner. Die Flugschrift aus dem Jahre 1834 beginnt mit dem folgenden Vorbericht:

„Dieses Blatt soll dem hessischen Lande die Wahrheit melden, aber wer die Wahrheit sagt, wird gehenkt, ja sogar der, welcher die Wahrheit liest, wird durch meineidige Richter vielleicht gestraft. Darum haben die, welchen dies Blatt zukommt, folgendes zu beobachten:

1. Sie müssen das Blatt sorgfältig außerhalb ihres Hauses vor der Polizei verwahren;
2. sie dürfen es nur an treue Freunde mitteilen;
3. denen, welchen sie nicht trauen, wie sich selbst, dürfen sie es nur heimlich hinlegen;
4. würde das Blatt dennoch bei Einem gefunden, der es gelesen hat, so muß er gestehen, daß er es eben dem Kreisrat habe bringen wollen;
5. wer das Blatt nicht gelesen hat, wenn man es bei ihm findet, der ist natürlich ohne Schuld."

(Georg Büchner, *Der Hessische Landbote*)

2 Die Politisierung der Lyrik

Tonangebend war die Gruppe des Jungen Deutschland um die Schriftsteller Karl Gutzkow, Ludolf Wienbarg, Theodor Mundt, Heinrich Laube und Ludwig Börne. Diese Autoren schlossen sich als Reaktion auf einen Bundestagsbeschluss aus dem Jahre 1835 zusammen, in Folge dessen ihre Schriften gemeinsam mit denen Heinrich Heines verboten wurden. Der Beschluss des Bundestages vom 10. Dezember 1835 enthielt dabei den folgenden Wortlaut:

„Nachdem sich in Deutschland in neuerer Zeit, und zuletzt unter der Benennung „das junge Deutschland" [...] eine literarische Schule gebildet hat, deren Bemühungen unverhohlen dahin gehen [...] für alle Klassen von Lesern zugänglichen Schriften die christliche Religion auf die frechste Weise anzugreifen, die bestehenden sozialen Verhältnisse herabzuwürdigen und alle Zucht und Sittlichkeit zu zerstören: so hat die deutsche Bundesversammlung [...] sich zu nachstehenden Bestimmungen vereinigt: [...] Sämtliche deutschen Regierungen übernehmen die Verpflichtung [...] auch die Verbreitung dieser Schriften [...] mit allen ihnen gesetzlich zu Gebot stehenden Mitteln zu verhindern."

Die Lyriker des Jungen Deutschland nehmen kritisch und appellativ Stellung zu den Themenbereichen Volk, Vaterland und Nation, Meinungsfreiheit, Gesellschaft und Staat und widmen sich der Kritik sozialer Missstände. Aus ihren Texten spricht gleichermaßen die Wut über das Elend der Menschen wie der Wille, dagegen anzugehen. Der Begriff des Jungen Deutschland wurde in der Folgezeit auf alle politischen Lyriker des Vormärz ausgedehnt, insbesondere auch auf Heinrich Heine, Georg Herwegh, Ferdinand Freiligrath und auch auf Georg Büchner, der aufgrund der Veröffentlichung des Hessischen Landboten zur Fahndung ausgeschrieben wurde, sich aber selbst nicht dieser Gruppe zugehörig fühlte, weil er im Gegensatz zum engen Kreis des Jungen Deutschland gesellschaftliche Veränderungen ohne die Anwendung von Gewalt nicht für möglich hielt.

Strukturelemente der Lyrik des Vormärz	
Gegenstand	Politische Sachverhalte, keine Stimmungen
Funktion der stilistischen Mittel	Unterstreichung politischer Mitteilungsabsichten
Formen der politischen Lyrik im Vormärz	
Protestlyrik	**Agitationslyrik**
Aus einer kritischen und engagierten Position heraus werden mit Nachdruck Schwächen und Mängel der politischen Realität benannt, ohne das politische System radikal in Frage zu stellen.	Politische Lyrik, in der sich der Autor mit dem Anspruch, die beste aller möglichen Lösungen politischer Probleme zu kennen, gegen alte oder für neue Herrschaftsverhältnisse einsetzt, mit dem Ziel, den Leser / Hörer mit allen Mitteln von der 'Wahrheit' zu überzeugen und ihn im Sinne dieser Überzeugung zum aktiven, häufig auch gewaltsamen Kampf zu veranlassen.

Ein typisches Beispiel für die engagierte Parteinahme der Dichter des Vormärz stellt *Das Hungerlied* von Georg Weerth dar, das der Agitationslyrik zuzuordnen ist.

Georg Weerth, Das Hungerlied (1843 / 47)

Verehrter Herr und König,
Weißt du die schlimme Geschicht?
Am Montag aßen wir wenig,
Und am Dienstag aßen wir nicht.

Direkte, despektierliche und ironische Anrede des Königs. Konfrontative, parteiische Beantwortung der rhetorischen Frage

Und am Mittwoch mußten wir darben Und am Donnerstag litten wir Not; Und ach, am Freitag starben Wir fast den Hungertod!	Steigerung und Betonung
Drum laß am Samstag backen Das Brot, fein säuberlich – Sonst werden wir sonntags packen Und fressen, o König, dich!	Schlussfolgerung Unverblühmte Drohung als gedanklich-emotionale Quintessenz

3 Georg Büchner: Die Abkehr vom idealistischen Drama

Georg Büchner macht in seinem Drama *Woyzeck* (1836 / 37) zum ersten Mal in der Geschichte des Dramas eine Figur, die über keinerlei Bildung verfügt und sich nur unvollkommen artikulieren kann, zur Hauptfigur.

Auf dokumentarischer Grundlage (das Drama beruht auf einem historisch belegten Eifersuchtsmord: Im Jahre 1821 erstach ein arbeitsloser Perückenmacher gleichen Namens seine treulose Geliebte und wurde trotz ernsthafter Zweifel an seiner geistigen Zurechnungsfähigkeit öffentlich hingerichtet) wird Woyzeck in diesem Fragment gebliebenen Drama zum Sinnbild des wehrlosen und von Herkunft und Milieu abhängigen Menschen, der sein Handeln nicht selbst bestimmen kann und in diesem Sinne determiniert zum Verbrecher wird.

Im Stück ist Woyzeck ein Soldat, der seinen Körper für medizinische Versuche verkaufen muss. Als Woyzecks Geliebte Marie von einem Tambourmajor verführt wird, ersticht Woyzeck Marie in auswegloser Einsamkeit und ertrinkt beim Versuch, das in einen Teich geworfene Mordmesser zu bergen.

Büchner bricht mit diesem ersten bedeutenden sozialen Drama vollständig mit der Tradition des klassischen Dramas und wird damit zu einem ersten Wegbereiter der Moderne.

Klassisches und soziales Drama

Das klassische Drama	Büchners soziales Drama
Ausklammern der gesellschaftlichen Realität	Die gesellschaftliche Realität wird zum beherrschenden Thema
Freiheit des Willens	Determiniertheit der Protagonisten
Geschichtsphilosophische Entwürfe	Geschichtsfatalismus
Humanistisch-idealistische Perspektive	Materialistisch-pessimistische Perspektive
Harmonisches Zusammenspiel aller Teile des Dramas	Lose Szenenfolge in der Tradition der Sturm und Drang-Periode

„Die Gesellschaft mittelst der Idee, von der gebildeten Klasse aus reformieren? Unmöglich! Unsere Zeit ist rein materiell, wären Sie je direkter politisch zu Werke gegangen, so wären Sie bald auf den Punkt gekommen, wo die Reform von selbst aufgehört hätte. Sie werden nie über den Riß zwischen der gebildeten und ungebildeten Gesellschaft hinauskommen." (Georg Büchner, *Brief an Gutzkow, Juni 1836)*

4 Biedermeierliche Beschaulichkeit

Die Wirkung der Dichter des Vormärz war im politischen Bewusstsein des Bürgertums im 19. Jahrhundert gering. Am deutlichsten zeigt sich dies bei der Rezeption der Gedichte des mit einem Berufsverbot belegten Breslauer Professors August Heinrich Hoffmann von Fallersleben, dessen Gedicht *Das Lied der Deutschen* später nationalistisch umgedeutet wurde und der den Zeitgenossen fast ausschließlich durch seine Kinderlieder *Alle Vögel sind schon da* und *Ein Männlein steht im Walde* ins Bewusstsein trat.

Während die Vertreter des Jungen Deutschland auf der Basis liberal-demokratischer Ideale ihre literarische Produktion politisch begriffen, arrangierten sich die Autoren, die der zeitgleichen Biedermeierkultur zuzurechnen sind, mit den gesellschaftlich-politischen Zuständen der Reformationszeit. Die Biedermeierzeit verdankt ihren Namen einer parodistischen Textsammlung mit dem Titel *Gedichte des schwäbischen Schulmeisters Gottlieb Biedermeier und seines Freundes Horatius Treuherz* aus dem Jahre 1855. Für den Biedermeier typisch ist die Hochschätzung des familiären Umfeldes und die Autosuggestion einer privaten Idylle sowie die konsequenzenlose Rückwendung zum klassisch-romantischen Dichtungs- und Humanitätsideal.

Romantik	Vormärz	Biedermeier
Poetisierung der Wirklichkeit	Politisierung der Literatur	Unpolitische Orientierung an den klassisch-romantischen Idealen der Kunst und der Humanität

Gelesen wurde vornehmlich Trivialliteratur, die entweder direkt das eigene bescheidene und beschauliche Leben auf besinnliche und anheimelnde Weise bestätigte oder indirekt den Biedermann durch Gespenster-, Schauer und abstruse Abenteuergeschichten in seiner schlichten Weltperspektive bestärkte.
Aus der Masse der beschaulichen Literatur stachen jedoch einige Autoren hervor, insbesondere Annette von Droste-Hülshoff (1797 – 1848), Eduard Mörike (1804 – 11875) und Adalbert Stifter (1805 – 11868), deren Werke zum Teil einen differenzierten Blick auf die Wirklichkeit warfen. Ein typisches Beispiel für die biedermeierliche Beschaulichkeit stellt das Gedicht *Auf eine Lampe* von Eduard Mörike dar. Ein in seinen Augen als schön empfundener Gegenstand war oftmals schon der ausreichende Anlass für ein Gedicht:

Eduard Mörike, Auf eine Lampe

Noch unverrückt, o schöne Lampe, schmückest du,
An leichten Ketten zierlich aufgehangen hier,
Die Decke des nun fast vergeßnen Lustgemachs.
Auf deiner weißen Marmorschale, deren Rand
Der Efeukranz von goldengrünem Erz umficht,
Schlingt fröhlich eine Kinderschar den Ringelreihn.
Wie reizend alles! lachend, und ein sanfter Geist
Des Ernstes doch ergossen um die ganze Form –
Ein Kunstgebild der echten Art. Wer achtet sein?
Was aber schön ist, selig scheint es in ihm selbst.

Literarische Reaktionen auf die Restauration	
Vormärz	**Biedermeier**
Herausbildung eines politischen Bewusstseins; Bereitschaft zu politischer Auseinandersetzung	Hinwendung zu resignierender Verinnerlichung; Abwendung von der Politik; Rückzug ins Private

5 Heinrich Heine: Ein Emigrant zwischen allen Stühlen

Heinrich Heine (1797–1856) spielt eine Sonderrolle. Einerseits sind seine Frühwerke deutlich von der Romantik geprägt, andererseits ist der zeitlebens politisch engagierte Dichter dem Vormärz zuzuordnen.

In seinen ersten Werken steht Heine deutlich in romantischer Tradition. In den Bänden *Gedichte* (1822), *Lyrisches Intermezzo* (1823) und insbesondere im *Buch der Lieder* (1827) ist der romantische Liedton unüberhörbar, obwohl sich Heine in vielen dieser Gedichte ironisch von der Romantik abgrenzt.

Heines Liedton im Gedicht *Leise zieht durch mein Gemüt*	**Heines Ironie im Gedicht** *Das Fräulein stand am Meere*
Leise zieht durch mein Gemüt Liebliches Geläute. Klinge, kleines Frühlingslied, Kling hinaus ins Weite. Kling hinaus, bis an das Haus, Wo die Blumen sprießen. Wenn du eine Rose schaust, Sag, ich laß sie grüßen.	Das Fräulein stand am Meere Und seufzte lang und bang, Es rührte sie so sehre Der Sonnenuntergang. Mein Fräulein! sein Sie munter, Das ist ein altes Stück; Hier vorne geht sie unter Und kehrt von hinten zurück.

In Heines späteren Gedichten ist der Einfluss der Dichtung des Vormärz nicht zu übersehen. Im Gegensatz zu vielen Dichtern des Vormärz, denen es weniger um die künstlerische Qualität ihrer Texte als um die zu transportierende Botschaft ging, ist für Heine - bei allem politischen Engagement - letztlich die künstlerische Qualität entscheidend. Das Verhältnis Heines zu den Autoren des Vormärz war daher nicht unproblematisch. Zu Ludwig Börne (1768 – 1837), dem Wortführer der deutschen Emigranten, hielt sich Heine in kritischer Distanz.

Während Börne in den Augen Heines nur ein politischer Publizist war, betont Heine demgegenüber die Eigenständigkeit der Kunst. Der Dichter ist nach Heine in erster Linie nach ästhetischen und nicht nach politischen Maßstäben zu beurteilen. Ein politischer Dichter ist daher nicht zu verwechseln mit einem dichtenden Politiker.

6 Auf einen Blick

Autoren

Georg Büchner (1813 – 1837), Ludwig Börne (1768 – 1837), Heinrich Heine (1797 – 1856), August Heinrich Hoffmann von Fallersleben (1798 – 1874), Eduard Mörike (1804 – 1875)

Schlüsselbegriffe der Epoche

Vormärz: Politisierung der Literatur, Volk, Vaterland, Nation, Kritik sozialer Missstände, Meinungsfreiheit, Zensur;
Biedermeier: Rückzug ins Private, Wohlbehagen, Gemütlichkeit

Kernsatz

„Friede den Hütten! Krieg den Palästen!" (Georg Büchner);
„Wie reizend alles" (Eduard Mörike)

Gattungen

Politische Lyrik und dokumentarisches, offenes Drama im Vormärz;
beschauliche Lyrik und Novellistik im Biedermeier

Werke

Heinrich Heine, *Buch der Lieder* (1827), *Deutschland. Ein Wintermärchen* (1844); Georg Büchner, *Lenz* (postum 1835), *Woyzeck* (1836 / 37 postum), *Dantons Tod* (1835), Eduard Mörike, *Mozart auf der Reise nach Prag* (1855)

Realismus, Naturalismus, Expressionismus

1 Literatur als verklärtes Abbild der Realität

„Was soll ein Roman? Er soll uns, unter Vermeidung alles Übertriebenen und Hässlichen, eine Geschichte erzählen, an die wir glauben […]; er soll uns eine Welt der Fiktion auf Augenblicke als eine Welt der Wirklichkeit erscheinen lassen […] Das soll ein Roman" – Mit diesen Worten umreißt Theodor Fontane 1875 im Rahmen einer Rezension das Selbstverständnis der Autoren des bürgerlichen Realismus.

Die Schriftsteller des Realismus sind geprägt durch das Scheitern der bürgerlichen Revolution von 1848, die das Selbstverständnis des Bürgertums erschüttert hat: Traditionelle Bindungen und Normen (Religion, Großfamilie und Ständegesellschaft) haben ihre Orientierungskraft eingebüßt. Die großen idealistischen Hoffnungen der Zeit vor der gescheiterten Revolution haben sich zerschlagen. Diese ernüchternde Zeiterfahrung prägt die Literaturproduktion der Epoche des Realismus, die in ihrem Grundton resignativ ist, weil sie der Wirklichkeit kein Gegenkonzept entgegenzustellen mag.

Das Drama – die öffentlichteste Form der Literatur – erfährt mit Ausnahme des dramatischen Werks Friedrich Hebbels (1813–1863) einen Niedergang. Einzig in den Prosagattungen Roman und Novelle gelingt es den Autoren, sich der gesellschaftlichen Realität der eigenen Zeit zu stellen. Diese Stellungnahme beschränkt sich dabei jedoch auf eine poetisch verdichtete Beschreibung gesellschaftlicher Zustände, ohne diesen eine Perspektive oder eine weiterführende Kritik abringen zu können.

Formale Erzählprinzipien der Literatur des Realismus:

Forderung nach der Wahrscheinlichkeit des erzählten Geschehens, der dargestellten Konflikte und ihrer Lösungen.

Forderung der Integration aller erzählerischen Momente (Motive, Figuren, Schauplätze, Zeitabläufe) zu einer geschlossenen Einheit.

Verzicht auf idealistische Deutungen und soziale Wertung.

2 Der resignative Grundton des poetischen Realismus

Die Autoren des Realismus wenden sich der gesellschaftlichen Realität der eigenen Zeit zu. Dabei steht – so Fontane – nicht das „nackte Wiedergeben alltäglichen Lebens, am wenigsten seines Elends und seiner Schattenseiten" im Vordergrund, sondern dessen poetische Verklärung, wie Fontane es nannte.

Für diese poetische Verklärung der Realität waren die beiden Prosagattungen Roman und Novelle besonders geeignet. Der Roman bietet als Großgattung genügend Raum für detailrealistische Milieuschilderungen, ausufernde Landschaftsbeschreibungen und die Wiedergabe auch von längeren Unterhaltungen. Der auktoriale Erzähler fungiert als vermittelnde und alle Konflikte ausgleichende Instanz.
Ähnliche Möglichkeiten der Distanzierung bietet die Novelle durch die ihr eigentümliche Struktur von Binnen- und Rahmenerzählung, die eine Temperierung und Beruhigung der in der Binnenerzählung dargestellten Konflikte ermöglicht.

Die Erzählhaltung ist dadurch gekennzeichnet, dass im realistischen Roman gesellschaftliche Konventionen einerseits konfliktauslösend sind, andererseits aber das Denken und Handeln der Figuren beim Versuch der Lösung dieser Konflikte bestimmen. Die handelnden Figuren und ihre Konflikte sind stets abhängig von den sie bestimmenden gesellschaftlichen Normen, die letztlich immer ihr Schicksal bestimmen.

Die Erzählhaltung ist dabei nicht unkritisch, aber stets resignativ:

- Erklärung des Handelns der Protagonisten durch Zufall und Notwendigkeit.
- Integration aller Erzählmomente zu einem Ganzen, ohne dem Ganzen einen Sinn geben zu können. Der Lauf der Geschichte wird als unabänderlich wahrgenommen.
- Auktorial-ironische Erzählhaltung als Bedingung dafür, die negative Erfahrung der Unabänderlichkeit des Zeitgeschehens und das Scheitern der Romanhelden zur Darstellung bringen zu können.
- Die Frage nach der Handlungsfreiheit des Menschen wird umgangen. Der Mensch wird als in Naturzusammenhänge eingebunden dargestellt. Dies gibt dem Erzähler die Möglichkeit, in der Natur Gesetzesmäßigkeiten zu entdecken, mit deren Hilfe das Unabänderliche des Handlungsverlaufs erklärt werden kann.
- Der Erzähler selbst erhebt sich mit Verständnis, leisem Humor und oftmals auch parodistisch über das Geschehen. Er enthält sich jeder Parteinahme und legt einen nüchternen Erzählstil ohne Pathos und Gefühlsausbrüche an den Tag. Emotionale Vorgänge werden lediglich berichtet und Dialogpassagen sind durch den jeweiligen schichtspezifischen Konversationston geprägt.

Während das Drama und die Lyrik eine nur untergeordnete Rolle spielten, dominierten die Prosagattungen wie der Roman und vor allem auch die Novelle. Der Novellendichter Paul Heyse beschreibt die Vorzüge dieser beiden Gattungen:

„Wenn der Roman ein Cultur- und Gesellschaftsbild im Großen, ein Weltbild im Kleinen entfaltet, bei dem es auf ein gruppen-

weises Ineinandergreifen oder ein concentrisches Sichumschlingen verschiedener Lebenskreise recht angesehen ist, so hat die Novelle in einem einzigen Kreise einen einzigen Conflict, eine sittliche oder Schicksals-Idee oder ein entschieden abgegrenztes Charakterbild darzustellen und die Beziehungen der darin handelnden Menschen zu dem großen Ganzen des Weltlebens nur in andeutender Abbreviatur durchschimmern zu lassen. Die Geschichte, nicht die Zustände, das Ereigniß, nicht die sich in ihm spiegelnde Weltanschauung, sind hier die Hauptsache."
(Paul Heyse, *Einleitung zu Deutscher Novellenschatz*)

Das Drama hingegen bot diese Möglichkeiten nicht. Sowohl die auf den Konflikt zugespitzte Tragödie wie die auf Entlarvung eitlen Verhaltens hin ausgerichtete Komödie konnten dem Literaturverständnis der Realisten nicht entsprechen. Die zeitgenössische Theaterproduktion fand seine hauptsächliche Ausprägung im heute unbedeutenden Unterhaltungs- und Bildungstheater. Einzig den Dramen Friedrich Hebbels (1813–1863) wird heute noch Bedeutung beigemessen. Versuche, die zeitgenössische Dramenproduktion zu beleben scheiterten; schon die Zeitgenossen beklagten das Absinken des Dramas ins Epigonenhafte, Dilletantische und Triviale. Gewissermaßen als Ausweg aus dieser Misere wies Theodor Storm auf die innere Verwandtschaft zwischen Novelle und Drama hin, indem er bemerkte, dass „die heutige Novelle [...] die Schwester des Dramas und die strengste Form der Prosadichtung" sei.

3 Effi Briest: Die Übermacht gesellschaftlicher Konventionen

Mehrfach verfilmt ist *Effi Briest* das wohl populärste Werk des Realismus.
Effi Briest, aus märkischem Landadel stammend, wird als junges Mädchen mit dem wesentlich älteren Baron Geert von Instetten verheiratet, der bereits ihre Mutter umworben hatte. Zunächst verläuft die Ehe ruhig und ereignislos, allerdings ohne Liebe und gegenseitiges Verständnis. In Kessin verliebt sich Effi in einen jungen Offizier, den Major Crampas, vergisst aber die Affäre, nachdem Instetten nach Berlin versetzt wird. Instetten selbst erfährt erst nach Jahren von dieser Affäre durch Zufall und tötet den jungen Offizier im Duell. Daraufhin wird die Ehe geschieden, das einzige Kind der beiden dem Vater zugesprochen. Effi, gesellschaftlich ausgegrenzt, führt von nun an ein vereinsamtes Leben und wird erst kurz vor ihrem Tod von den Eltern wieder aufgenommen.

Der Roman ist durch eine ihm eigentümliche Grundspannung geprägt: Einerseits verstricken sich seine Protagonisten Effi Briest und Geert von Instetten in einem Geflecht moralisch-gesellschaftlicher Konventionen, das sie letztlich alle unglücklich macht, andererseits enthält sich der am Schicksal seiner Helden überaus verständnisvoll zeigende Erzähler jeder zumindest direkten Wertung dieser Lebensverhältnisse. Der Erzähler legt am Ende dem alten Briest hinsichtlich der Frage nach der Schuld des Unglücks seiner Tochter den Satz in den Mund: „Ach, Luise, laß […] Das ist ein zu weites Feld“.

Die Verstrickung der Hauptpersonen in moralisch-gesellschaftlichen Konventionen und eigener Unzulänglichkeit

Geert von Instetten
Obwohl Instetten seiner Frau Effi die Affäre mit Crampas verzeiht und sie weiterhin liebt, fordert er Crampas „ohne jedes tiefere Gefühl von Hass oder gar von Durst nach Rache" zum Duell. Der anwesende Sekundant kommentiert dies mit den Worten „unser Ehrenkultus ist ein Götzendienst, aber wir müssen uns ihm unterwerfen, solange der Götze gilt". Auch die Überlegung, dass Crampas ihm sein Glück genommen habe, kommt für Instetten nicht als Rechtfertigungsgrund des Duells in Frage, sondern einzig die mögliche gesellschaftliche Verachtung, wenn er sich nicht duelliert, um seine Ehre wiederherzustellen. Instetten vereinsamt in der Folgezeit und hält sein Leben für „verpfuscht", erzieht aber das gemeinsame Kind, allerdings so, dass es eine Abneigung gegen die eigene Mutter entwickelt.

Effi Briest
Effi Briest wird zum Opfer einer Verstrickung aus eigener und fremder Schuld, menschlicher Unzulänglichkeiten und erstarrter gesellschaftlicher Traditionen. Für sie überraschend hält Instetten bei einem Besuch bei der Familie Briest um Effis Hand an. Sie wird aus ihrem kindlichen Spiel mit ihren Freundinnen herausgerissen, um diese Nachricht zu erhalten. Der Verlobung folgt kurze Zeit später die Heirat. Während der Hochzeitsreise zeigt sich Instetten Effi gegenüber altväterlich und schulmeisterlich. Sie erlebt Crampas als gebildeten Lebemann und als Kontrastfigur zum prinzipientreuen Instetten, dem gegenüber sie zwar schwach wird, den sie aber eigentlich nicht liebt. In einer Schlüsselstelle des Romans, in der es zu einer Begegnung mit ihrem Kind kommt, das sich aber Effi gegenüber abweisend verhält, bricht es aus ihr heraus: „Ein Streber war er, weiter nichts. […] Und dann hat er den armen Kerl totgeschossen, den ich nicht einmal liebte […] Dummheit war alles, und nun Blut und Mord! […] Mich ekelt, was ich getan; aber was mich noch mehr ekelt, das ist eure Tugend".

4 Der Naturalismus als Gegenbewegung zum poetischen Realismus

Als Gegenbewegung zum poetischen Realismus formiert sich um Gerhart Hauptmann (1862–1946) die Gruppe der Naturalisten, die sich wie die Anhänger des poetischen Realismus gegen jegliche idealistische Überhöhung der Literatur wehren, im Gegensatz zu den Realisten aber das Hässliche ins Zentrum ihrer Literatur rücken.

Poetischer Realismus	Naturalismus
Poetische Verklärung der Realität	Wiedergabe der tatsächlichen Verhältnisse
↓	↓
Ablehnung der Darstellung des Hässlichen	Das Hässliche rückt in den Blickpunkt
Verzicht auf jegliche Parteinahme	Provokation des Publikums

„Unsre Welt ist nicht mehr klassisch, / Unsre Welt ist nicht romantisch, / Unsre Welt ist nur modern" schreibt Arno Holz programmatisch. Produkte der Moderne sind für die Naturalisten die Schattenseiten der Zivilisation wie das Elend in den Großstädten und die Lage der Arbeiter unter den Bedingungen des Industriezeitalters. Aus diesem Grund rücken die Naturalisten Szenen aus der Alltagwelt von Fabrik und Kneipe, Mietskaserne und Hinterhof sowie Elend, Armut und Krankheit in den Mittelpunkt ihrer Werke, die nicht nur den Kaiser, sondern auch das bildungsorientierte Bürgertum zutiefst irritieren und provozieren.

5 Das Programm der Naturalisten: Das Hässliche in der Dichtung sezieren

Das Hässliche ist nach Ansicht der Naturalisten der Grundzug der Moderne. Die Weltanschauung der Naturalisten gründet sich auf die Erkenntnisse der Naturwissenschaft: Sie sehen im Menschen nicht mehr als ein Stück Natur, das nach den Regeln strenger Kausalität von seiner Umwelt und seiner Erbmasse determiniert ist. Die Naturalisten lehnen jede metaphysische Spekulation über die Freiheit des Menschen ab.

Sie fordern für die Literatur, dass diese sich das naturwissenschaftliche Mittel des Experimentes zu eigen machen habe, um auf diese Weise akribisch die Verelendung des Menschen zu dokumentieren. Dabei wird gezeigt, dass seine Verelendung das Resultat der ihn bestimmenden Parameter ist.

Die Naturalisten orientierten sich dabei an den Werken Emile Zolas, der in seinen Schriften mit wissenschaftlicher Exaktheit Fakten und Dokumente sammelte, die die tatsächliche Lebenssituation des Menschen belegten. Die Interpretation dieses Datenmaterials erfolgte in der Literatur der Naturalisten analog der Evolutionstheorie Darwins.

6 Der naturalistische Sekundenstil: Die akribische Beschreibung des Hässlichen

Die Naturalisten waren Anhänger der Milieutheorie, nach der der Mensch durch seine Herkunft, sein soziales Umfeld und die Zeitumstände bestimmt ist. Dies bedeutet nicht, dass die Naturalisten Anhänger eines fatalistischen Geschichtspessimismus gewesen wären. Im Gegenteil: Da sie die einzige Möglichkeit des sozialen Fortschritts in der Veränderung der äußeren Faktoren sahen, traten sie vehement für eine Änderung der sozialen Lebensbedingungen ein, deren gegenwärtige Hässlichkeit sie ganz in der Tradition des Vormärz – die Naturalisten bezeichneten sich auch als das Jüngste Deutschland – zum Hauptthema ihrer Literatur machten.

Das künstlerische Hauptmerkmal war der Sekundenstil, mit dessen Hilfe die Naturalisten versuchten, die Lebensbedingungen ihrer Helden darzustellen. Akribisch genau wurde der Zeitablauf einer Handlung dargestellt und alle Eigenarten einer Figur möglichst präzise nachgebildet. Um eine größtmögliche Nähe zum tatsächlichen Sprachverhalten herzustellen, wurden Dialekt, Redensart, Satzfetzen und Stammeln eingesetzt.

Eine besondere Bedeutung kommt im Drama den Regieanweisungen zu, die die Funktion haben, alle Rahmenbedingungen der Handlung möglichst genau wiederzugeben – ganz im Gegensatz also zum klassischen Drama, in dem der Held einen ihm gesetzten Rahmen gestaltet, wohingegen im naturalistischen Drama der Held von dem ihm gesetzten Rahmen erdrückt wird.

7 Die naturalistische Lyrik: Erzählgedichte mit genauer Milieubeschreibung

Die Grundüberzeugungen der Naturalisten haben ihren Niederschlag auch in der Konzeption ihrer Lyrik gefunden. Der Schwerpunkt der naturalistischen Lyrik liegt in der möglichst akribischen Beschreibung der Lebensbedingungen der modernen Großstädte. Eines der bekanntesten lyrischen Dokumente aus der Zeit des Naturalismus ist der Gedichtzyklus *Phantasus* von Arno Holz. Die Gestalt des Phantasus greift auf eine romantische Tradition zurück und bezeichnet den antiken Gott des Traums und der Verwandlung. Umgeben vom Elend flüchtet sich im Phantasus ein armer Dichter in eine Traumwelt.

Arno Holz, Phantasus (1886) (Auszug)

Ihr Dach stieß fast bis an die Sterne,
vom Hof her stampfte die Fabrik,
es war die richtige Mietskaserne
mit Flur – und Leiermannsmusik!
Im Keller nistete die Ratte,
parterre gabs Branntwein, Grog und Bier,
und bis ins fünfte Stockwerk hatte
das Vorstadtelend sein Quartier.
[…]
Doch pfiff auch dreist die feile Dirne,
die Welt, ihn aus: Er ist verrückt!
ihm hatte leuchtend auf die Stirne
Der Genius seinen Kuß gedrückt.
Und wenn vom holden Wahnsinn trunken
er zitternd Vers an Vers gereiht,
dann schien auf ewig ihm versunken
die Welt und ihre Nüchternheit.
[…]

8 Gerhart Hauptmann: Die Zustandsschilderung als leitendes Motiv

Das Drama erwies sich wie bereits schon im Vormärz als die geeigneteste Form der Darstellung und Anklage sozialen Elends, dessen bedeutendster und nachhaltigster Vertreter Gerhart Hauptmann (1862–1946) war, der in dichter Atmosphäre das Leiden seiner Helden an ihrer eigenen Ohnmacht schilderte.

Hauptmanns größter Erfolg wurde das Drama *Die Weber*. Dem Drama liegen die Ereignisse des Weberaufstandes aus dem Jahre 1844 zugrunde, als hungernde schlesische Weber und Heimarbeiter, die auf ihren Bettellohn warten, in ihrer Not das Haus des Fabrikanten stürmen. Als das Militär anrückt, stirbt von einer verirrten Kugel tödlich getroffen der alte Weber Hilse, der kurz zuvor noch den Aufstand abgelehnt hatte.

Der Aufbau des Dramas Die Weber	
Thematik	Armut, Ausbeutung, Not und Elend
Held	Die tragende Figur ist keine einzelne herausragende Gestalt, sondern das Kollektiv der Weber.
Aufbau	An die Stelle der Pyramidenform des klassischen Dramas tritt eine Zweiteilung: der 1. bis 3. Akt zeigt in Form einer Zustandsbeschreibung das Elend der Weber, das Ende des 3. und der 4. und 5. Akt zeigen die Handlungsdarstellung. Die geschlossene Form wird zu Gunsten analytischer Stimmungsbilder und ausführlicher Regieanweisungen aufgelöst.

Das Stück besticht durch die enorme Sicherheit in der Milieuschilderung sowie der überaus kunstvollen Verwendung der Mundart. Hauptmann traf mit diesem Stück den Nerv der Zeit, indem er die soziale Frage eindringlich aufwarf.

Die Erzählung *Bahnwärter Thiel* ist durch eine genau beobachtende und sozial bestimmte Zustandsschilderung geprägt. Hauptmann erzählt die Geschichte eines pflichtbewussten und schweigsamen Bahnwärters, der in zweiter Ehe mit einer früheren Kuhmagd mit Namen Lene zusammenlebt. Thiel fühlt sich mehr und mehr von Lene abgestoßen, die ein Kind mit in die Ehe einbringt, das sie dem Sohn des Bahnwärters aus erster Ehe, Tobias, der von ihr misshandelt wird, vorzieht. Thiel verkriecht sich in der Folgezeit in sein einsames Stellwärterhäuschen, in dem er zunehmend seine Zeit verbringt. Als durch eine Unachtsamkeit von Lene Tobias von einem Schnellzug überfahren wird, tötet Thiel in seiner Verwirrung Lene und ihr Kind und verfällt dem Wahnsinn.

Hauptmann nannte diese Erzählung eine „novellistische Studie aus dem märkischen Kiefernforst" – Studie deshalb, um mit dieser Charakterisierung auf die Nähe zur wissenschaftlichen Fallstudie hinzuweisen. Hauptmann rückt in der Erzählung den psychischen Krankheitsprozess Thiels in den Vordergrund, in dessen Schilderung auch seine Umwelt einbezogen wird.

9 Weltuntergangsstimmung im Expressionismus

„Die drei Bogenlampen schweben in der Bar. Ihre Strahlen, los gelöst vom inneren Lichtkern, durchbohrten sich wie Stricknadeln. Böhm im Kognak stieg heraus, tanzte hinter den Kristallflacons der farbigen Schnäpse, leise trällernd den Cancan des Chamäleons serpentina alcoholica. Die Monde der Bogenlampen wurden obscön, ihre Strahlen fingerten in der Dekolletage der Damen [...]"

Mit diesen Worten beginnt das siebte Kapitel des Romans *Bebuquin* oder die *Dillettanten des Wunders* von Carl Einstein aus dem Jahre 1912.

Schon diese wenigen Sätze machen deutlich, dass die Kunst der Expressionisten sich deutlich von der realistischen Erzählweise wie auch der naturalistischen Darstellungsweise der Realität abgrenzt. Die Expressionisten teilen zwar mit den Naturalisten das Bewusstsein der Entfremdung und Verlorenheit des Menschen, sind im Gegensatz zu diesen aber von Weltuntergangsvisionen geprägt.
Geradezu programmatisch trägt die von Karl Pinthus im Jahre 1920 herausgegebene Anthologie expressionistischer Lyrik

den Titel *Menschheitsdämmerung*. Das Auftaktgedicht dieser Sammlung trägt den Titel *Weltende*. Es stammt von Jakob van Hoddis (1887–1942) und bringt auf groteske Art und Weise das expressionistische Lebensgefühl einer aus allen Fugen geratenen Welt zum Ausdruck.

Jakob van Hoddis, Weltende (1911)

Dem Bürger fliegt vom spitzen Kopf der Hut,
In allen Lüften hallt es wie Geschrei.
Dachdecker stürzen ab und gehn entzwei
Und an den Küsten – liest man – steigt die Flut.

Der Sturm ist da, die wilden Meere hupfen
An Land, um dicke Dämme zu zerdrücken.
Die meisten Menschen haben einen Schnupfen.
Die Eisenbahnen fallen von den Brücken.

Für Expressionisten und Naturalisten stehen die Darstellung des Hässlichen und Entstellten im Vordergrund. Die Expressionisten grenzen sich aber in der Darstellungsweise und Darstellungsabsicht von den Naturalisten ab, da sie nicht ein akribisches und experimentelles Bild der Realität entwerfen, sondern Bilder des inneren Erlebens der Moderne kreieren.

Naturalismus	Expressionismus
Schilderung des Eindrucks der Außenwelt	Schilderung des Ausdrucks der Innenwelt
Versuch der Veränderung der äußeren Bedingungen der menschlichen Existenz	Weltuntergangsstimmung
Sekundenstil	Expressiver Sprachstil: Wortkaskaden, Wortneuschöpfungen, gebrochene Syntax, übersteigerte Metaphorik, ekstatische Ausbrüche

10 Die Modernisierung der Lyrik als Folge erlebter Weltuntergangsstimmung

Am ausdrucksstärksten artikulierte sich der Expressionismus in der Lyrik. Neben die als angstvoll erlebte Katastrophenstimmung tritt als Hauptmotiv der expressionistischen Dichtung das Motiv des Ich-Zerfalls. Der Mensch erfährt sich nicht mehr als das Subjekt seines Handelns, das die Dinge und die Welt beherrscht, sondern umgekehrt beginnen die Dinge den Aufstand und überrollen den Menschen, der jegliche Weltorientierung und letztlich sein Selbst verliert. In dieser Situation suchen die Expressionisten nach neuen Ausdrucksformen. Ivan Goll fordert daher einen Umbau der Lyrik:

„Niemand leugnet mehr, daß von allen Kunstformen die verlassenste und die verkannteste heute die Lyrik ist. Vielleicht nicht einmal ganz zu Unrecht? Vielleicht, weil sie in keiner Weise zu unserer Zeit eine Beziehung hat? Weil sie dem heutigen Menschen keine Nahrung bringt? […] Wie seit der Entdeckung der Elektrizität und des Telephons sämtliche Produktionsbetriebe umgeformt und umgebaut wurden, so soll es auch die Dichtung. Es ist geradezu ein Nonsens, von einem Menschen mit heutigen Nerven zu verlangen, daß er von regelrecht skandierten und gereimten Versen, die breit und behäbig und schwer hinfließen, irgendeine tiefere Wirkung, ein inneres Beben, ein Staunen verspüre! Sein Ohr hat ein anderes Tempo. Sein Auge eilt unmutig über die Zeilen hin. Und der Singsang des schönen Verses erweckt Langeweile. Langeweile: die schwerste Sünde, die ein Künstler begehen kann!“ (Ivan Goll, *Hai-Kai*)

11 Auf einen Blick

Realismus

Autoren
Friedrich Hebbel (1813 – 1863), Theodor Storm (1817 – 1888), Gottfried Keller (1819 – 1890), Theodor Fontane (1819 – 1898)

Kernbegriffe
Poetische Verklärung der Wirklichkeit

Kernsatz
„Das ist ein zu weites Feld" (Fontane)

Gattungen
Niedergang des Dramas, Aufschwung der Novellendichtung

Werke
Theodor Fontane, *Effi Briest* (1894 / 95); Theodor Storm, *Der Schimmelreiter* (1888); Friedrich Hebbel, *Maria Magdalena* (1844)

Naturalismus

Autoren
Gerhart Hauptmann (1862 – 1946); Arno Holz (1863 – 1929)

Kernbegriffe
Anspruch auf naturwissenschaftliche Objektivität; Das Hässliche rückt in den Blickpunkt; Determinismus und sozialer Veränderungswille; Sekundenstil

Kernsatz
„Unsre Welt ist nicht mehr klassisch, / Unsre Welt ist nicht romantisch, / Unsre Welt ist nur modern" (Arno Holz)

Gattungen
Lyrik als Erzählgedicht und offenes Drama als Lebensausschnitt

Werke
Gerhart Hauptmann, *Bahnwärter Thiel* (1888), *Die Weber* (1893); Arno Holz, *Das Buch der Zeit.*

Expressionismus
Autoren
Gottfried Benn (1886 – 1956), Georg Trakl (1887 – 1914), August Stramm (1874 – 1915), Jakob von Hoddis (1887 – 1942)

Kernbegriffe
Weltuntergangsstimmung, Zerfall des Ich, Menschheitsdämmerung, Weltende

Gattungen
Expressive Lyrik

Literatur in der Weimarer Republik

1 Verwirrende Vielfalt unterschiedlicher Stile

„Diese Zeit hat etwas durchaus Gespensterhaftes. Die Leute gehen täglich ihren Geschäften nach, machen Verordnungen und durchbrechen sie, halten Feste ab und tanzen, heiraten und lesen Bücher – aber es ist alles nicht wahr" – Mit diesen Worten charakterisiert Kurt Tucholsky die Zeit der Weimarer Republik, eine Zeit – so Tucholsky – in der die „Grundfesten wanken":

[…] Es ist durchaus nicht allen gemeinsam und selbstverständlich, daß das Vaterland das Höchste ist, woran sich anzuschließen Pflicht und Gewinn sei – sondern das ist sehr bestritten. Es ist durchaus nicht allen gemeinsam, daß die Familie der Endpunkt der Entwicklung und etwas Selbstverständliches sei – sondern das ist sehr bestritten. Es ist durchaus nicht selbstverständlich, daß der Kapitalismus notwendig oder gar nutzbringend sei – das ist sehr bestritten. Sie reden verschiedene Sprachen, die babylonischen Menschen, und sie verstehen einander nicht. Sie sprechen aneinander vorbei, und sie haben weniger gemeinsam denn je." […] „Wohin treiben wir? Wir lenken schon lange nicht mehr, führen nicht, bestimmen nicht. Ein Lügner, wers glaubt. Schemen und Gespenster wanken um uns herum – taste sie nicht an: sie geben nach, zerfallen, sinken um. Es dämmert, und wir wissen nicht, was das ist: eine Abenddämmerung oder eine Morgendämmerung. (Kurt Tucholsky, *Dämmerung*)

Die Autoren der Weimarer Zeit lassen sich nicht programmatisch unter einen festen Epochenbegriff oder eine gemeinsame literarische Grundtendenz fassen. Zu disparat sind bei den bedeutenden Autoren, die vielfach erst später in ihrer Bedeutung erkannt worden sind, die literarischen Reaktionen und Ausdrucksformen auf die erste deutsche Republik, ihre politische Schwäche und das Zeitgeschehen.

Was die Autoren eint, ist ihre Zeitgenossenschaft und die außerordentlich hohe literarische Qualität und Aktualität ihrer Werke in allen bedeutenden Gattungsformen, weswegen die moderne Literaturwissenschaft diese Epoche der deutschen Literatur auch als klassische Moderne bezeichnet. Die Autoren der klassischen Moderne reagieren mit eigenen Schwerpunkten und Ausdrucksformen auf die Fülle und Dichte des Zeitgeschehens, das sich in ihren Werken auf überaus vielschichtige Art und Weise reflektiert.

Literarische Reaktionen in der Weimarer Zeit

Literarisches Motiv	**Autoren**
Verarbeitung des Ersten Weltkrieges	Kurt Tucholsky, Karl Kraus
Entlarvung der Doppelmoral im wilhelminischen Zeitalter und entwickelten Kapitalismus	Heinrich Mann, Bertolt Brecht
Thematisierung des Werte- und Realitätszerfalls	Thomas Mann
Hinwendung zu den sozialen Problemen der modernen Großstadt	Alfred Döblin
Thematisierung der Erfahrung der Bodenlosigkeit der menschlichen Existenz	Franz Kafka

2 Die Entwicklung neuer poetischer Konzepte in Prosa, Drama und Lyrik

Die literarische Moderne setzt in allen Gattungen neue Akzente. Es bilden sich durchweg neue Arten des Schreibens heraus, denen trotz ihrer jeweiligen Vielfältigkeit eines gemeinsam ist, nämlich die Abkehr von traditionellen poetischen Paradigmen.

Traditionelle und moderne poetologische Paradigmen

↓	↓
Epik	
Die Erzählung gibt ein Bild der Wirklichkeit wieder.	In der Erzählung werden Strukturen der Wirklichkeit gezeigt.
Lyrik	
Das lyrische Ich erlebt die Übereinstimmung von Ich und Natur / Welt.	Das lyrische Ich erlebt die Entfremdung, den Widerspruch zwischen Ich und Welt.
Dramatik	
Die gespielte Welt wird handelnd dargestellt.	Die gespielte Welt wird erzählend dargestellt.

3 Alfred Döblin, Berlin Alexanderplatz: Kernelemente modernen Erzählens

Alfred Döblin (1878 – 1957) schuf mit *Berlin Alexanderplatz* (1929) den ersten deutschen Großstadtroman.
Im Mittelpunkt des Romans steht die Geschichte von Franz Biberkopf, der, aus dem Gefängnis entlassen, „anständig werden" will. Nach anfänglichen ersten Erfolgen wird er aber „in einen regelrechten Kampf mit etwas verwickelt […], das von außen

kommt, das unberechenbar ist und wie ein Schicksal aussieht". Biberkopf sinkt von nun an immer tiefer. Seine vermeintlichen Freunde Otto Lüders und Reinhold betrügen ihn und versuchen, ihn für ein geplantes Verbrechen zu gewinnen. Biberkopfs Versuch, sich dem zu entziehen endet mit dem Verlust eines Armes. Auch seine Liebe zu Mieze bleibt ohne Perspektive: Er macht sie zu seiner „Braut", wird ihr Zuhälter und bleibt weiter in dunkle Geschäfte verstrickt. Biberkopf bricht zusammen und kommt in eine Irrenanstalt, als Reinhold Mieze vergewaltigt und anschließend tötet. Der Roman endet lapidar: Biberkopf verlässt den Mordprozess als gebrochener Mann und nimmt eine Stellung als Hilfsportier an.
Der Roman ist ein Lehrstück, das zeigt, wie ein Mensch systematisch zu Grunde gerichtet wird. In formaler Hinsicht ist der Roman mit einer Fülle von Attributen des modernen Romans ausgestattet: Die erzählerische Perspektive wechselt zwischen Reportagen, der Wiedergabe von Eindrücken und Beobachtungen, inneren Monologen, Tatsachenberichten, Statistiken, Inseraten und Schlagertexten hin und her und stellt eine Montage dar.

Kennzeichen des modernen Romans

Traditionelles Erzählen	Modernes Erzählen
Äußere Geschehnisse bestimmen die Handlung.	Seelische Vorgänge stehen im Zentrum und werden im inneren Monolog gezeigt.
Raum und Zeit sind objektive Kategorien.	Raum und Zeit sind subjektive Kategorien.
Die erzählte Welt wird dem Leser als seine eigene gezeigt.	Die erzählte Welt erfährt durch Montagetechniken eine Verfremdung, ihre Erklärung bleibt dem Leser überlassen.

4 Der Übergang vom Kaiserreich zur Republik in den Romanen von Thomas und Heinrich Mann

Das Thema Heinrich Manns (1871-1950), dem älteren Bruder Thomas Manns (1875-1955), ist die Entlarvung der Doppelmoral des Bildungsbürgertums im wilhelminischen Zeitalter und die Bekämpfung des Untertanengeistes sowie die leidenschaftliche Verteidigung der Weimarer Republik. Seine Romane und Erzählungen sind durch einen satirischen und expressiven Stil geprägt, während er in seinen Essays, die seinen Ruf als europäischen Humanisten, politischen Moralisten und ausgewiesenen Gegner des Nationalsozialismus festigen, insbesondere das Verhältnis von Geist und Macht erörtert. Heinrich Manns satirische Kritik an der Doppelmoral des Bildungsbürgertums der wilhelminischen Zeit wird besonders deutlich im 1905 erschienenen und 1930 unter dem Titel „Der blaue Engel" verfilmten Roman *Professor Unrat* oder *Das Ende eines Tyrannen*.

Der Gymnasialprofessor Unrat, Repräsentant der Autorität einer nordddeutschen Kleinstadt, verfällt der Tingel-Tangel-Künstlerin Rosa Fröhlich. Durch diese Liebschaft verfängt er sich in den Netzen der von ihm eigentlich bekämpften Unmoral: Er heiratet Rosa, verliert seine Stellung, verfällt dem Glücksspiel und wird schließlich kriminell.

Heinrich Manns berühmtester Erzähltext ist der satirische Erzähltext *Der Untertan* aus dem Jahre 1914.

Gegenstand der satirischen Entlarvung ist hier der unterwürfige, gesinnungslose und machtlüstern-nationalistische Typ des Bürgertums, im Roman personifiziert durch die Figur des Diederich Heßling. Diederich Heßling zeigt alle Attribute der deutsch-nationalen Gesinnung, die später zu einem der geistigen Stützpfeiler des Nationalsozialismus werden sollte. Heßlings Leben wird in Episoden erzählt: Der Leser lernt zunächst seine Jugend, die Studienjahre des deutsch-nationalen Studenten, später dann den erfolgreichen Papierfabrikanten kennen, der, herrisch seinen Angestellten und seiner Familie gegenüber, skrupellos seinen Geschäften nachgeht und politisch agitiert.

Er wendet sich gegen alles, was seinem deutsch-monarchistischem Weltbild gegenübersteht, nämlich die Idee des liberalen Bürgertums, das Judentum und die Sozialdemokratie. Trotz seiner Rücksichtslosigkeit und Brutalität wird der sehr auf Zucht und Ordnung haltende Heßling der Ironie und dem Spott des Erzählers preisgegeben, wurzelt doch seine monarchistische Deutschtümelei letztlich auf einem infantilen Untertanengeist und einer blinden Kaiserbegeisterung, die vom Erzähler auf virtuose Weise der Lächerlichkeit preisgegeben wird.

Wie bei Heinrich Mann ist Thomas Manns literarisches Schaffen durch die Zeitgenossenschaft politischer Systemwechsel geprägt, die nicht ohne Auswirkungen auf die politische Profilierung Thomas Manns gewesen sind. Während Thomas Mann den Ausbruch des Ersten Weltkrieges feierte und sich noch in den *Betrachtungen eines Unpolitischen* (1918) selbst als antidemokratisch-konservativ bezeichnete, vollzieht er unter dem Eindruck des verlorenen Krieges eine Wandlung. Seit 1922 bekannte er sich zur Demokratie und warnte in Reden und Essays vor dem Nationalsozialismus. Seine zunehmend antifaschistische Publizistik brachte ihn in einen Gegensatz zum rechtskonservativen Bürgertum. 1933 kehrte er nach einer Erholungsreise nicht mehr nach Deutschland zurück und blieb in der Schweiz. Später emigrierte er in die USA, nachdem er von den Nationalsozialisten ausgebürgert wurde. Nach dem Krieg unternahm Thomas Mann Vortragsreisen nach Deutschland, 1954 siedelte er wieder in die Schweiz über.

Der Roman *Buddenbrooks. Verfall einer Familie* steht am Anfang seiner Karriere und machte den damals erst 25-jährigen Dichter, der 1929 für dieses Werk den Nobelpreis erhielt, schlagartig berühmt. Erzählerisch in der Tradition des Realismus angesiedelt, steht im Vordergrund die Schilderung des Niedergangs einer Kaufmannsfamilie über vier Generationen hinweg, die auch deren Werte- und Realitätszerfall miteinschließt.

Während der Senior Johann Buddenbrook noch tatkräftig die Geschäfte der Firma leitete, zeigt sein Sohn aus zweiter Ehe, Johann (Jean) Buddenbrook, bereits erste Anzeichen der Dekadenz und ist als Kaufmann erfolglos, da unter seiner Leitung große Verluste zu verzeichnen sind. Sein ältester Sohn Thomas übernimmt die Geschäftsleitung in dritter Generation, ist aber ebenfalls von Selbstzweifeln geplagt. Er flüchtet in die Kunst und heiratet eine exotische Gesangskünstlerin, kann aber mit viel Selbstdisziplin dem Anspruch der Familie insgesamt noch gerecht werden, während die Geschwister erhebliche Probleme bereiten: Die ältere Schwester Antonie etwa bleibt trotz zweier gescheiterter Ehen eigentlich ein Kind und Clara, die jüngere Schwester, stirbt kurz nach ihrer Heirat an Tuberkolose. Hanno Buddenbrook, der letzte Nachfahre der Familie, der völlig in die Welt der Kunst abtaucht, stirbt lebensuntauglich an Typhus.

Stationen des Niedergangs in den Buddenbrooks

Die Geschichte von Größe und Abstieg der hanseatischen Kaufmannsfamilie führt durch vier Generationen, die eigentliche Handlung erstreckt sich aber nur auf einen Zeitraum von ca. 40 Jahren (1835–1877)

Johann Buddenbrook	Gebildet, kühl und selbstsicher; führt die Geschäfte erfolgreich und weiß das Leben zu genießen
Johann (Jean) Buddenbrook	Fromm, geschäftstüchtig, aber erfolglos.
Thomas Buddenbrook	Von Selbstzweifeln geplagt flieht er in die Kunst und kann nur mit viel Selbstdisziplin den Ansprüchen der Familie genügen. Die Geschwister Antonie, Christian und Clara lassen schwerwiegende gesundheitliche und charakterliche Defekte erkennen. Thomas Buddenbrooks Frau Gerda geht nur ihren musikalischen Interessen nach, ihr ist die geschäftliche Tradition gleichgültig.

Hanno Buddenbrook	Übersensibel und kränkelnd, stirbt als Gymnasiast an Typhus.

Einerseits der Erzähltradition des Realismus verpflichtet, wandelt sich im Verlauf des Romans – analog zum Verfall der Familie – auf subtile Weise die Erzählhaltung. Während die Familienmitglieder von Generation zu Generation in immer stärkeren Maße dem biologischen Verfall ausgeliefert zu sein scheinen, steigert sich von Generation zu Generation deren seelische Selbstthematisierung. Der Erzähler trägt dem dadurch Rechnung, dass traditionell realistische Erzählmuster sukzessive abgebaut werden zu Gunsten verinnerlichter und indirekter Formen der Darstellung.

Größe der Familie Buddenbrook	Wendepunkt des Romans	Niedergang der Familie Buddenbrook
Direkte Erzähltechniken stehen entsprechend der nach außen gewandten Lebenshaltung der Protagonisten im Vordergrund.	Thomas Buddenbrooks Begegnung mit der Lehre des Philosophen Arthur Schopenhauer.	Indirekte Erzähltechniken gewinnen zunehmend entsprechend der Zunahme der Empfindsamkeit der Protagonisten an Bedeutung.

Das Motiv des Zwiespalts zwischen Leben und Kunst ist das Grundmotiv im Werk Thomas Manns.
In nahem Zusammenhang mit den Buddenbrooks steht die Novelle *Tonio Kröger* aus dem Jahre 1903. Die Titelfigur lebt in zwei Welten und ist Bürger und Künstler zugleich, was bis in die Namensgebung des Protagonisten hineinwirkt. Tonio Kröger lebt im Zwiespalt: Er sehnt sich nach der Einsamkeit, die die Bedingung für seine künstlerische Existenz ist, von der er aber gleichzeitig gering denkt und die er wegen ihrer Einfachheit verachtet.

5 Franz Kafka: Parabelhafte Darstellungen der Hilflosigkeit des Menschen

Wie keinem anderen Schriftsteller vor und nach ihm ist es Franz Kafka (1823 – 1924) gelungen, das von Kurt Tucholsky beschriebene „Wanken der Grundfeste" sowie der Erfahrung der Bodenlosigkeit sämtlicher Lebensbezüge und Orientierungsversuche literarische Gestalt zu geben. Hinter der Fassade der realen Welt, die in den Werken Kafkas allenfalls in groben Skizzen eine Rolle spielt, zeigt er eine beklemmende Welt absurd-faszinierender Verhältnisse. Im Stil unprätentiös und sachlich fasst er die Erfahrung der Ohnmacht gegenüber einer völlig undurchschaubaren Welt in der Form parabelhaften Erzählens in Worte.

Ästhetisch sind diese Texte faszinierend, weil der Leser beim Versuch der Interpretation die gleiche Erfahrung macht wie die Helden seiner Romane, Erzählungen und Parabeln – nämlich die Erfahrung, das jeder Versuch, dem erzählten Geschehen einen konsistenten Sinn zu verleihen, zum Scheitern verurteilt ist.

Exemplarisch für Kafkas Fähigkeit, absurde Situationen sprachlich präzise und logisch konsistent darzustellen, dabei aber durch den rätselhaften Charakter seiner Texte den Leser zu verstören, ist die kurze Parabel *Die Bäume*.

Franz Kafka, Die Bäume

Denn wir sind wie Baumstämme im Schnee. Scheinbar liegen sie glatt auf, und mit kleinem Anstoß sollte man sie wegschieben können. Nein, das kann man nicht, denn sie sind fest mit dem Boden verbunden. Aber sieh, sogar das ist nur scheinbar.

Der Widerstreit zwischen der Bild- und der Deutungsebene in Kafkas Erzählstil

Bild- und Deutungsebene

Der Mensch wird mit einem Baum verglichen, der scheinbar wurzellos („scheinbar liegen sie glatt auf") und verpflanzbar zu sein scheint.

Das Bild ist rätselhaft: Die scheinbar glatt aufliegenden Baumstämme erweisen sich bei näherer Betrachtung als „fest mit dem Boden verbunden". der Mensch ist also – entgegen des ersten Eindrucks – offensichtlich nicht verpflanzbar.

Diese Überlegung wird im abschließenden Satz der Parabel revidiert, die Revision des Scheins erscheint ebenfalls als Schein: „Aber sieh, sogar das ist nur scheinbar" .

Konstruktionsprinzip

Bild- und Deutungsebene sind nicht voneinander getrennt: Der Text beginnt mit einer Vergleichsformel („Denn wir sind wie [...]"), doch das nachfolgende Motiv der Bäume wird auf der Deutungsebene zerstört: Der erste optische Eindruck wird energisch zurückgewiesen („Nein, das kann man nicht") und auch die Korrektur des Bildes wird zurückgewiesen („Aber sieh, sogar das ist nur scheinbar").

Interpretation

Bild- und Deutungsebene stehen in einem Verhältnis der Disharmonie: Die Metapher des Baumes lässt offensichtlich keine klare Deutung des menschlichen Wesens zu.

Der Widerstreit zwischen Bild- und Deutungsebene dokumentiert den Rätselcharakter der menschlichen Existenz.

Seine Helden vergleicht Kafka mit „Eisenbahnreisenden, die in einem langen Tunnel verunglückt sind, und zwar an einer Stelle, wo man das Licht des Anfangs nicht mehr sieht, das Licht des Endes aber nur so winzig, daß es der Blick immerfort suchen muß und immerfort verliert, wobei Anfang und Ende nicht einmal sicher sind."

Wie in einem Alptraum scheinen in den Werken Kafkas Ort und Zeit, kausale und psychologische Gesetzmäßigkeiten aufgehoben, aber dennoch ist das Geschehen stets logisch zwingend.

Die Orientierungslosigkeit der Helden Kafkas in ihren absurden Traumwelten zeigt sich dabei besonders in dem Roman *Der Proceß*, in dem der Bankprokurist Josef K. verhaftet wird, sich aber frei bewegen darf, letztlich zum Tode verurteilt und von zwei gut gekleideten Herrn zur Hinrichtung geführt wird.
Welchen Vergehens er sich schuldig gemacht haben soll, weiß er nicht. Seine Bemühungen auf der Suche nach einer zuständigen Gerichtsinstanz schlagen fehl, es gelingt ihm lediglich, Kontakt zu unteren Instanzen aufzunehmen. Wie sich herausstellt, besteht seine Lebensschuld darin, dass er sich für unschuldig hält. Er beginnt zu ahnen, dass er der Frage nach Schuld und Unschuld nicht in der merkwürdigen Welt der unteren Gerichtsinstanzen, sondern bei sich selbst zu suchen gehabt hätte.

6 Bertolt Brechts Erneuerung des Dramas

Bertolt Brecht (1898–1956) galt das Theater als Ort der politischen Aufklärung und, darin an Lenz, Büchner und den Naturalisten anknüpfend, als Ort der Agitation. Brechts episches Theater ist dabei scharf abzugrenzen vom klassisch-aristotelischen Drama, in dessen Mittelpunkt die moralische Erziehung des Zuschauers auf dem Wege des auf der Bühne gezeigten großen tragischen Konflikts stand. Brecht dagegen entwirft ein Theater, das die Veränderung der gesellschaftlichen Wirklichkeit bewirken soll. Dem Zuschauer wird dabei zugemutet, im Bühnengeschehen keine statische, in sich abgeschlossene Welt, sondern eine politisch bedingte Momentaufnahme der Wirklichkeit zu sehen, die seine Beurteilung erfordert und zum politischen Handeln auffordert. Dieser Intention entsprechend entwirft Brecht für das Theater eine neue Ausdrucksform, das epische Theater.

Gegenüberstellung: Klassisch-aristotelisches und episches Theater	
Aristotelisches Theater	**Episches Theater**
Die gespielte Welt wird handelnd dargestellt: Der klassische Held bestimmt durch sein Denken und Handeln das Geschehen.	Die gespielte Welt wird erzählend (episch) dargeboten: Das epische Theater zeigt, wie das Handeln der Helden durch das gesellschaftliche Sein bestimmt ist.
Der Zuschauer wird suggestiv, durch Furcht und Mitleid (eleos und phobos) in den Sog des Geschehens hineingezogen.	Der Zuschauer wird in argumentierender Weise durch Verfremdungen der Handlungen wie kritisch-kommentierende Einschübe, Spruchbänder, Projektionen und Songs mit der Bühnenaktion konfrontiert.
Es wird zwischen Tragödie und Komödie unterschieden.	Die Trennung zwischen Tragödie und Komödie wird aufgehoben. Tragische Elemente werden mit komischen vermischt, um absurde Verhältnisse zu kennzeichnen.
Die Figuren sprechen grundsätzlich in gehobener Stillage.	Die Figuren sprechen schicht- und typspezifisch.
Die Form des Dramas ist geschlossen: pyramidenförmige 3-Akt- oder 5-Aktform (Exposition – steigende Handlung – Höhe- und Wendepunkt – fallende Handlung – Katastrophe); Einheit von Ort, Zeit und Handlung; die Geschehnisse verlaufen linear, Szenen bauen folgerichtig aufeinander auf.	Die Form des Dramas ist offen: jede Szene steht für sich; das Drama besteht aus selbstständigen Szenen, die locker miteinander verbunden sind, Sprengung der Einheit von Ort, Zeit und Handlung; die Geschehnisse verlaufen in Kurven; erst durch die politische Entscheidung des Zuschauers kommt das Stück zu seinem eigentlichen Abschluss.

Als eines der gelungensten Beispiele des epischen Theaters gilt Brechts Parabelstück *Der gute Mensch von Sezuan*.

Dem Stück liegt die Frage zu Grunde, ob der Mensch zugleich gut sein könne und überlebensfähig. Die Parabel kommt durch drei Götter in Gang, die auf der Suche nach einem guten Menschen zur Erde hinabsteigen, um so ihre eigene Existenzberechtigung wie die Ordnung der Welt rechtfertigen zu können. Sie treffen dabei auf die großherzige Prostituierte Shen Te, die als Einzige bereit ist, den Göttern ein Nachtlager zur Verfügung zu stellen. Mit Hilfe der Belohnung, die sie hierfür von den Göttern erhält, gelingt es ihr, eine bürgerliche Existenz aufzubauen. Diese kann sie jedoch nur aufrecht erhalten, indem sie sich in ihren Vetter Shui Ta verwandelt, der skrupellos die Geschäfte Shen Tes zu ordnen versucht, die durch Shen Tes Großzügigkeit, die zudem von ihrer Umwelt schamlos ausgenutzt wird, immer wieder in Gefahr geraten.

7 Auf einen Blick

Autoren

Kurt Tucholsky (1890 – 1935), Alfred Döblin (1878 – 1957), Franz Kafka (1883 – 1924), Heinrich Mann (1871 – 1950), Thomas Mann (1875 – 1955), Bertolt Brecht (1898 – 1956)

Literarische Motive

Verarbeitung des Ersten Weltkrieges (Kurt Tucholsky, Karl Kraus), kritische-besorgte Begleitung der Weimarer Republik (Tucholsky, Brecht), Thematisierung des Werte- und Realitätszerfalls (Thomas Mann), Entlarvung der Doppelmoral im wilhelminischen Zeitalter (Heinrich Mann) und im entwickelten Kapitalismus (Brecht), Thematisierung der Erfahrung der Bodenlosigkeit der menschlichen Existenz (Kafka)

Gattungen

Abkehr von traditionellen poetischen Paradigmen: Entwicklung des epischen Theaters, neue Erzähltechniken (Montagetechnik), Entwicklung des modernen Großstadtromans

Werke

Franz Kafka, *Die Verwandlung* (1915), *Das Urteil* (1916), *Der Proceß* (1925); Heinrich Mann, *Professor Unrat* (1905); Thomas Mann, *Buddenbrooks* (1901), *Der Tod in Vendig* (1911), *Tonio Kröger* (1903); Alfred Döblin, *Berlin Alexanderplatz* (1929)

Drittes Reich und Exil

1 Zur Situation der Literatur im Faschismus

Der größte Teil der etablierten Autoren von Rang begab sich während der Zeit des Dritten Reiches freiwillig oder gezwungenermaßen ins Exil. Mit der nationalsozialistischen Machtergreifung im Jahr 1933 begann die Forderung nach einer spezifisch nationalsozialistischen Kunstproduktion. Die Linke, weite Teile der Liberalen und die Literatur der rassisch verfolgten Autoren verloren ihre Heimstatt. In Deutschland konnte nur die Literatur veröffentlicht werden, die politisch als unbedenklich galt und von Autoren nicht jüdischer Herkunft stammte. Im Wesentlichen handelte es sich dabei um eine politische Zustimmungsliteratur, die nach 1945 wieder von der Bildfläche verschwand. Die von der Literaturpolitik geförderten Autoren entstammten größtenteils dem Lager der Antimoderne und Heimatliteratur. Das Spektrum der Propagandaliteratur umfasste:

- Historische Romane mit der Zwecksetzung, die angebliche Überlegenheit der arischen Rasse zu demonstrieren,
- Idyllische Bauernromane mit der Zwecksetzung, eine intakte Volksgemeinschaft vorzugaukeln,
- Siedlerromane mit der Zwecksetzung, den nationalsozialistischen Anspruch widerzuspiegeln, den Lebensraum der Nation zu vergrößern,
- Kriegsromane mit der Zwecksetzung, den äußeren Feind durch klischeehafte Hasstiraden zu denunzieren und
- Frauenromane mit der Zwecksetzung, die traditionelle Rolle der Frau als Hausfrau im Sinne der nationalsozialistischen Propaganda festzuschreiben.

Schwieriger zu beurteilen ist die Literatur der Autoren, die während des Faschismus als politisch unbedenklich eingestuft wurden, im Land blieben und auf die ein vergleichsweise geringer Druck ausgeübt wurde. Diese Autoren standen vor dem Problem, nicht mehr an die inhaltlichen und formalen poetologischen Grundsätze anknüpfen zu können, die in der Auseinandersetzung um die künstlerische Gestaltung der Moderne entwickelt wurden.

2 Die Exilliteratur

Die politischen Verhältnisse in Deutschland führten dazu, dass nahezu alle bedeutenden Autoren Deutschland verließen, von denen viele den Freitod wählten.

Autoren, die den Freitod wählten	
Kurt Tucholsky	1935 Selbstmord in Schweden
Ernst Toller	1939 Selbstmord in einem New Yorker Hotelzimmer
Walter Hasenclever, Walter Benjamin, Carl Einstein	1940 Selbstmord nach der Besetzung Frankreichs
Stefan Zweig	1942 Selbstmord im brasilianischen Petropolis
Klaus Mann	1949 Selbstmord in Cannes aus Verzweiflung u.a. über die Situation der Intellektuellen, nachdem er mit der amerikanischen Armee nach Deutschland zurückkehrte

Insgesamt bedeutete dies einen literarischen Kahlschlag, der in der Geschichte der deutschen Literatur ohne Beispiel ist. Betroffen waren dabei die Schriftsteller jüdischer Herkunft, deren Anteil am literarischen Leben seit Jahrzehnten überdurchschnittlich groß war, die Autoren des linken und mit Einschränkungen des liberalen Flügels, aber auch Autoren des bürgerlichen Lagers.

Von den Autoren, die das Kriegsende erlebten, kehrten manche sofort, manche erst nach Jahren und einige gar nicht mehr nach Deutschland zurück.

Autoren, die im Ausland blieben	Thomas Mann
Autoren, die nach Westdeutschland gingen	Annette Kolb
Autoren, die nach Ostdeutschland gingen	Bertolt Brecht, Anna Seghers
Autoren, die enttäuscht Deutschland wieder verließen	Alfred Döblin, Klaus Mann

Aufgrund ihrer Uneinheitlichkeit waren die Emigranten nicht in der Lage, sich zu organisieren. Zwar herrschte Einigkeit in der Ablehnung des faschistischen Regimes, darüber hinaus konnten aber kaum politische Gemeinsamkeiten formuliert werden. Der Versuch Heinrich Manns, eine parteiübergreifende Dachorganisation ins Leben zu rufen, scheiterte.

Die Lyrik der Emigranten ist durch die schmerzliche Erfahrung des Exils gekennzeichnet. Die Ablehnung durch die Bevölkerung des jeweiligen Exillandes machte ihnen zu schaffen, vor allem aber die Tatsache, ohnmächtig nur auf den Zusammenbruch des Regimes warten zu können. Viele fühlten sich kulturell isoliert, nur wenigen gelang es, in der Sprache des jeweiligen Gastlandes heimisch zu werden und in ihr zu veröffentlichen.

In der Lyrik der Exilautoren zeigt sich deren Resignation wie deren politische Aktualität und vielfach auch materielle Not.

Bertolt Brecht,
Hollywood

Jeden Morgen, mein Brot
zu verdienen
Gehe ich auf den Markt,
wo Lügen gekauft werden.
Hoffnungsvoll
Reihe ich mich ein
zwischen die Verkäufer.

Bertolt Brecht,
Schlechte Zeiten für Lyrik

In mir streiten sich
Die Begeisterung über den
blühenden Apfelbaum
Und das Entsetzen über die
Reden des Anstreichers.
Aber nur das zweite
Drängt mich zum Schreibtisch.

3 Auf einen Blick

Formen der Zustimmungsliteratur

Gemeinschaftslied (Marsch- und Kampfgesänge), Kriegs- und Geschichtsdramen, Heimat-, Siedler-, Bauern-, Kriegs- und Frauenroman

Autoren im Exil

Bertolt Brecht, Heinrich Mann, Thomas Mann, Klaus Mann, Rudolf Borchardt, Lion Feuchtwanger, Joseph Roth, Franz Werfel, Stefan Zweig, Alfred Döblin, Kurt Tucholsky, Walter Benjamin

Gegenwartsliteratur

1 Die unmittelbare Nachkriegsliteratur

Heinrich Böll charakterisierte die Literatur der unmittelbaren Nachkriegszeit zutreffend als Trümmerliteratur. Thematisch sind die Nachkriegsjahre geprägt durch die Erfahrung des Krieges, der Not und der Erfahrungen der Kriegsheimkehrer. Viele Schriftsteller sahen sich vor die Aufgabe gestellt, die Sprache von den ideologischen Verformungen des Faschismus zu befreien. In der Literatur der Nachkriegszeit artikuliert sich ein Bedürfnis nach Wahrheit, das mit einem starken moralischen Engagement der Autoren einhergeht, die sich vielfach einer einfachen, klaren und nüchternen Sprache bedienen, in der sie überwiegend Alltagsszenen beschreiben.

Als ein typischer Vertreter der literarischen Konzeption der Trümmerliteratur ist Wolgang Borchert (1921–1947) anzusehen. Sein Drama *Draußen vor der Tür* (1947) war das meistgespielte deutsche Theaterstück der Nachkriegszeit. Es beschreibt die Kriegserfahrungen des Kriegsheimkehrers und Unteroffiziers Beckmann, der nach dem Krieg eine ihm feindlich gegenüberstehende zerstörte Welt vorfindet. Von Schuldgefühlen gepeinigt, dass auch er während des Krieges Soldaten in den Tod geführt hat und von seiner Frau verlassen, stirbt er verzweifelt „draußen vor der Tür".

Die Kurzgeschichten Heinrich Bölls (1917–1985), der 1972 den Nobelpreis für Literatur erhielt, begründeten schon früh die Breitenwirkung dieses Autors, der in seinen Kurzgeschichten *Der Zug war pünktlich* (1949) und *Wanderer kommst du nach Spa* (1950) die Sinnlosigkeit des Krieges, die Heimkehr aus dem Chaos des Krieges, die Trümmerlandschaften und die Realität der Schwarzmärkte beschrieb. Inhaltlich sind diese Kurzgeschichten stark von den Themen und Stoffen Borcherts beeinflusst, formal orientieren sie sich an der short story nach dem Muster Hemingways.

2 Vergangenheitsbewältigung und Gegenwartskritik

Gegen Ende der 50er Jahre zeichnet sich – nicht zuletzt durch das Erscheinen des Romans *Die Blechtrommel* (1959) von Günter Grass (geb. 1927) – eine Wende in der deutschen Nachkriegsprosa ab. Im Unterschied zur Literatur der unmittelbaren Nachkriegszeit wird nun das Thema der Vergangenheitsbewältigung mit der Gegenwartskritik verknüpft. Die Autoren, insbesondere Günter Grass und Heinrich Böll, wenden sich gegen restaurative Tendenzen der Wohlstandsgesellschaft. Sie warnen vor Anpassungsverhalten und Mitläufertum und verstehen die Literatur – durchaus im Geist der Aufklärung – als Mittel zur Gegenwartskritik und als Mittel zur Entwicklung einer geistigen Perspektive. In den Romanen dieser Autoren werden Außenseiterfiguren zu zentralen Gestalten, die ein entlarvendes Bild der Geschichte und der Gegenwart zeichnen.
Grass erzählt in *Die Blechtrommel* aus der Perspektive des in einer Heilanstalt einsitzenden, sich selbst als Held verstehenden Oskar Matzerath, die Geschichte der ersten Hälfte des 20. Jahrhunderts, insbesondere die Jahre des Zweiten Weltkrieges und der ersten Nachkriegsjahre. Oskar Matzerath ist eine Kunstfigur, er ist bereits während seiner Geburt geistig voll entwickelt. Im Alter von drei Jahren beschließt er, den körperlichen Wachstumsprozess einzustellen. Er verfügt über eine Stimme, mit der er Glas zerspringen lassen kann und mit Hilfe seiner Blechtrommel, die er zu seinem dreijährigen Geburtstag geschenkt bekommt, lebt er ein bizarres Außenseiterdasein voller Protest und erotischer Phantasien. Grass kombiniert in diesem Roman Elemente des klassischen Entwicklungsromans mit Elementen der Satire und des barocken Schelmenromans, in dessen Zen-

trum eine satirisch-ironische Analyse des kleinbürgerlichen Lebens steht.

Ähnlich wie Günter Grass verbindet Heinrich Böll die Aufarbeitung der nationalsozialistischen Vergangenheit mit der Gegenwartsanalyse. Im Zentrum der Romane Bölls steht die Entlarvung der scheinbaren Wohlgeordnetheit eines institutionalisierten Kirchentums sowie eine Analyse der gesellschaftlichen Strukturen im Nachkriegsdeutschland, dem Böll ein gestörtes Verhältnis hinsichtlich der Frage nach einer rückhaltlosen und ehrlichen Aufarbeitung seiner politischen und gesellschaftlichen Vergangenheit attestiert.
In seinem Roman *Ansichten eines Clowns* (1963) erzählt Böll die Lebensgeschichte seines Helden Hans Schnier, der als nichtangepasste Person inmitten einer funktionalen Verwaltungswelt als störender Clown wirkt. Hans Schnier, Sohn eines Industriellen, bricht aus der scheinbaren Ordnung der bürgerlichen Welt aus. Er verzichtet auf seine Karriere und verdingt sich als Pantomime. Er trennt sich von seiner Freundin Marie, als diese von ihm verlangt, ihre Liebe durch einen Ehevertrag regeln zu wollen. Schnier empfindet das Verlangen Maries als heuchlerisch und zieht sich enttäuscht von ihr zurück, um als Pantomine seinen Zeitgenossen einen Zerrspiegel vorzuhalten, in dem sich die moralische Heuchelei in Ehe, Familie, Kirche, Staat und Gesellschaft zeigt.

Die meisten der gesellschaftlich engagierten Autoren waren Mitglied in der Gruppe 47, der neben Günter Grass und Heinrich Böll auch Schriftsteller wie Martin Walser (geb. 1927), Ingeborg Bachmann (1926–1973), und Jurek Becker (1937–1997) angehörten. Die Gruppe 47, benannt nach ihrem Gründungsjahr, übte einen prägenden Einfluss auf die Entwicklung der Literatur bis in die 70er Jahre hinein aus. Die Vertreter der Gruppe 47 verbanden ihre literarische Produktion ausdrücklich mit politischem Engagement, insofern sie einen Beitrag zum Aufbau der demokratischen Kultur in Deutschland leisten wollten. Dichtung war für sie kein Selbstzweck, sondern gemäß den Worten Hans Werner Richters (1908–1993), dem Gründer der Gruppe 47, ein Anstoß für Kritik und Auseinandersetzung.

Die literarische Auseinandersetzung mit der Zeit des Nationalsozialismus bleibt bis in die unmittelbare Gegenwart ein Dauerthema der Gegenwartsliteratur.

So greift etwa Günter Grass in seinem bislang letzten Werk, der Novelle *Im Krebsgang* (2002) eine Nebenhandlung des Romans *Die Blechtrommel* auf. Er spannt in diesem Erzählwerk den Bogen vom Untergang des KdF-Schiffs Wilhelm Gustloff bis hin zu den fremdenfeindlichen Anschlägen der 90er Jahre.

Bernhard Schlink beschreibt in seinem Roman *Der Vorleser* eine äußerst ungleiche Liebesgeschichte zwischen der sechsunddreißigjährigen ehemaligen KZ-Aufseherin Hanna und dem sechzehnjährigen Professorensohn Michael, der die Analphabetin unterhält, in dem er ihr Geschichten vorliest und in deren sexuelle Abhängigkeit er gerät. Dem Vorleser gelingt es auch Jahre nach der Trennung nicht, sich von Hanna gedanklich zu lösen. Ihre Wege kreuzen sich erneut, als Hanna Mitte der 60er Jahre in einem Prozess zur Verantwortung gezogen wird, weil ihr die Mitschuld am Tode von KZ-Gefangenen zur Last gelegt wird. Michael wohnt diesem Prozess zufällig als beobachtender Jura-Student bei, greift aber nicht in die Verhandlung ein, als Hanna auf Grund von falschen Indizien, die er hätte widerlegen können, zu einer lebenslänglichen Freiheitsstrafe verurteilt wird.
Schlink wirft in seinem Roman nicht nur die Frage nach der Schuld Hannas, sondern zugleich auch die Frage nach den Umständen und den Folgen einer stereotypen Vergangenheitsbewältigung auf, die durch die Schilderung der überaus ungleichen und ungewöhnlichen Beziehung zwischen Michael und Hanna durchkreuzt wird. Hannas Hilflosigkeit während des Prozesses

und Michaels wachsende Skepsis gegenüber juristischen Verhaltensritualen führen dazu, dass die stereotype Verteilung der Täter- und Opferrollen angesichts der Vielschichtigkeit und Kompliziertheit der biographischen Voraussetzungen und Lebenswege der Protagonisten als fragwürdig erscheint.

Bei der Auseinandersetzung mit dem Nationalsozialismus sind die Erzählperspektiven überaus vielfältig. Während etwa Bruno Apitz (1900–1979) in seinem Roman *Nackt unter Wölfen* (1958) eindringlich die Situation der Lagerinsassen im Konzentrationslager in Buchenwald und ihren antifaschistischen Widerstand beschreibt, nähert sich Jurek Becker (1937–1997) in seinem Roman *Jakob der Lügner* (1968) mit lakonischer Distanz dem Thema des Widerstands, seiner Vergeblichkeit und trügerischen Hoffnungen.

Jakob der Lügner spielt im Ghetto von Lodz. Die Titelfigur Jakob Heym sieht sich durch äußere Umstände dazu gedrängt, zu behaupten, im Besitz eines im Ghetto natürlich verbotenen Radios zu sein. Heym wird den Bewohnern des Ghettos zum Hoffnungsträger, da er Nachrichten verbreitet, dass das Ghetto kurz vor der Befreiung stünde. Die Verzweiflung der Ghettobewohner verführt ihn, immer neue und hoffnungsvollere Nachrichten weiterzugeben. Heym kann sich in der Folge dieser Lebenslüge nicht mehr entziehen. Seine Lebenslüge verhindert nicht die Liquiderung des Ghettos, spendet seinen Bewohnern aber immerhin Trost: In dem Moment aber, als sich tatsächlich die Front nähert, bedeutet gerade dies für die Gefangenen den Tod, da das Ghetto vor dem Eintreffen der Befreier aufgelöst wird und die Bewohner ins Konzentrationslager transportiert werden. Neben Jakob Heym werden auch das Mädchen Lina und der Ich-Erzähler ins Konzentrationslager gebracht. Dem Ich-Erzähler allerdings gelingt die Flucht, was ihm ermöglicht, die Geschichte Jakob Heyms erzählen zu können.

In seinem Drama *Andorra* (1961) zeigt Max Frisch (1911–1991), dass die Stigmatisierung von Menschen aus ethnischen und ideologischen Gründen eine allgegenwärtige Gefahr ist, die keineswegs als historisch überwunden anzusehen ist.
Ein junger Andorraner mit Namen Andri, der fälschlicher Weise für einen Juden gehalten wird, nimmt schließlich die Rolle an, die das Vorurteil ihm zudiktiert. In zwölf Bildern schildert Frisch den Leidenswegs Andris. Seine Umwelt stempelt ihn zum Juden, obwohl er der uneheliche Sohn Cans ist. Als eines Tages Andris Mutter in Andorra eintrifft, fordert sie Can auf, die Wahrheit zu sagen. Can verlässt jedoch der Mut und als diese Aufgabe der Pater übernehmen will, glaubt Andri ihm nicht: Er hält sich für den Juden, zu dem die Bewohner Andorras ihn gemacht haben. Als Andri zur Hinrichtung geführt wird, enthüllt der Lehrer seine wahre Identität. Die Andorraner ignorieren dies jedoch und schauen und hören weg. Das Stück endet damit, dass der Lehrer sich erhängt und Barblin, um deren Hand Andri vergeblich anhielt, beginnt, die Hinrichtungsstätte zu weißeln, damit Andorra wieder „weiß" wird.

3 Katastrophenbewusstsein und Fortschrittskritik in den Tragikomödien Friedrich Dürrenmatts

Die politischen Konfrontationen der 60er Jahre, insbesondere der Kalte Krieg und die mit ihm einhergehenden apokalyptischen atomaren Weltuntergangsvisionen, führen zu einem Katastrophenbewusstsein und zu einer Kritik der Technisierung der Welt. Das atomare Chaos vor Augen erfährt der Mensch die Welt zunehmend als absurd und grotesk. Die Gefahr scheint zunehmend unkontrollierbar zu werden.

Die Frage, welche sinnvollen Handlungsmöglichkeiten dem Menschen inmitten einer absurd gewordenen Welt noch bleiben, ist die Grundfrage in Friedrich Dürrenmatts (1921–1990) Tragikomödie *Die Physiker* (1962).

Der Ort der Handlung ist ein Nervensanatorium, in das sich der Atomphysiker Johann Wilhelm Möbius geflüchtet hat, um die von ihm entdeckte Weltformel, mit deren Hilfe die Welt vernichtet werden kann, geheim zu halten. Es stellt sich heraus, dass zwei weitere Bewohner des Irrenhauses, Ernst Heinrich Ernesti und Herbert Georg Beutler, ebenfalls Physiker sind, die im Auftrag der Geheimdienste ihrer Länder den Auftrag erhielten, die Weltformel auszuspionieren. Alle drei ermorden die drei Krankenschwestern der Anstalt, von denen sie durchschaut werden. Die drei Physiker erkennen die Gefährlichkeit ihres Wissens und formulieren die groteske Erkenntnis, dass sie im Irrenhaus bleiben müssen, da nur so die Welt vor dem Irrsinn zu bewahren sei. Das unheilvolle Geschehen ist jedoch nicht mehr aufzuhalten, da sich herausstellt, dass die Leiterin der Nervenheilanstalt – die einzig wirklich Verrückte des Stücks – sich die Forschungsergebnisse aneignete und gegenüber den drei Physikern erklärt, dass sie schon längst einen eigenen Rüstungskonzern aufgebaut habe.

Dürrenmatt lehnt nicht die individuelle Verantwortung des Menschen für sein Tun ab – im Gegenteil: Er beklagt den Verlust der Handlungsspielräume des Einzelnen und sieht hierin das Kernproblem der modernen, technokratisch orientierten Gesellschaft. Dürrenmatts Grundhaltung ist dabei in erster Linie eine warnende. Er entwirft keine Lösung des von ihm entfalteten Grundproblems, sondern zeigt die Fragwürdigkeit und Absurdität der vermeintlichen Lösungsansätze.
Die Einsicht in die scheinbare Begrenztheit der menschlichen Handlungsmöglichkeiten kann nach Dürrenmatt dabei nicht mehr mit den Mitteln der klassischen Tragödie adäquat dargestellt werden. Weil die Welt grotesk ist, so Dürrenmatt, muss auch zwangsläufig das Drama grotesk sein. Ausgehend von diesem Grundgedanken entwirft Dürrenmatt ein völlig neues, bislang nicht dagewesenes dramaturgisches Konzept, das Konzept der Tragikomödie.

Dürrenmatts Konzept der Tragikomödie im Unterschied zur klassischen Tragödie	
Klassische Tragödie	**Tragikomödie**
Personale Schuld und Verantwortung	Kollektivschuld
Notwendigkeit als Strukturprinzip der Handlung	Zufall als Strukturprinzip der Handlung
Die Handlungen des Helden haben tragische Konsequenzen	Keine Handlungsspielräume der Helden
Das Tragische dient der Darstellung eines Entscheidungskonfliktes des Helden	Darstellung des Absurden und Grotesken

4 Tendenzen der Lyrik

Die Entwicklung der Lyrik in den ersten 20 Jahren nach dem Zweiten Weltkrieg ist durch zwei gegenläufige weltanschauliche Tendenzen geprägt. Der an der gesellschaftlichen Realität orientierten politischen Dichtung in der Nachfolge Brechts steht die so genannte hermetische Dichtung gegenüber.

Kennzeichnend für die hermetische Dichtung ist die Auffassung der Autoren, dass die natürliche, alltägliche Sprache durch den Nationalsozialismus korrumpiert worden sei und sich in den Dienst der Barbarei begeben habe. Autoren und Autorinnen wie Gottfried Benn, Paul Celan, Nelly Sachs und Ingeborg Bachmann versuchten in ihrer Lyrik ein neues Sprachverständnis zu entwickeln und schufen vielfach eine von der Wirklichkeit losgelöste, in sich ruhende, kaum ausdeutbare Dichtung, die die Erfahrung der Ohnmacht und Isolation des Menschen zu artikulieren versucht.

Auf der anderen Seite wenden sich Schriftsteller wie Hans Magnus Enzensberger in der Tradition Brechts der politischen Lyrik zu und setzen sich in ihren Gedichten mit den politischen Themen der Zeit, also den Notstandsgesetzen, der außerparlamentarischen Opposition und dem Vietnam-Krieg auseinander.

Gegenüberstellung	
Hermetische Lyrik	**Politische Lyrik**
Hermetisches Gedicht als poetische Gegenwelt; Versuch der Gewinnung von Ausdrucksformen jenseits der (korrumpierten) Alltagssprache	Orientierung an der gesellschaftlichen Realität
Textbeispiele	
Paul Celan, Sprich auch du (Auszug)	Hans Magnus Enzensberger, Ins Lesebuch für die Oberstufe (Auszug)
Sprich auch du, sprich als letzter, sag deinen Spruch. Sprich – Doch scheide das Nein nicht vom Ja. Gib deinem Spruch auch den Sinn: gib ihm den Schatten. […]	Lies keine Oden, mein Sohn, lies die Fahrpläne: sie sind genauer. Roll die Seekarten auf, eh es zu spät ist. Sei wachsam, sing nicht. Der Tag kommt, wo sie wieder Listen ans Tor schlagen und malen den Neinsagern auf die Brust Zinken. Lern unerkannt gehen, lern mehr als ich: das Viertel wechseln, den Paß, das Gesicht. […]

Der Tod Pauls Celans im Jahre 1970 wurde von vielen Lyrikern als das Ende einer Epoche innerhalb der Lyrik wahrgenommen, das einher ging mit einer Wiederentdeckung der Alltagssprache und der Aufhebung von Sprach- und Stilgrenzen. Zunehmend finden wieder Motive aus dem Alltagsleben Eingang in die Lyrik, andererseits spielen sprachspielerische Elemente und Gedichte experimentellen Charakters eine immer stärkere Rolle.

5 Postmoderne

In deutlicher Abgrenzung zur Literaturauffassung der Gruppe 47 bildet sich in den 80er Jahren unter der Bezeichnung Postmoderne eine neue literaturtheoretische Programmatik heraus. Die Werke von Autoren wie Christoph Ransmayr (geb. 1954), und Patrick Süskind (geb. 1949) sind dadurch gekennzeichnet, dass sie die Grenzen zwischen der Unterhaltungs- und Trivialliteratur und der ernsthaften Literatur bewusst verwischen. Insbesondere Patrick Süskinds Roman *Das Parfüm* (1985) verbindet Elemente des Schauer- und Kriminalromans mit Elementen des historischen Romans und des klassischen Entwicklungsromans. Über diese Formvielfalt hinaus ist *Das Parfüm* durch die Stilfigur der Pastiche – also dem überaus beziehungsreichen Spiel mit klassischen literarischen Zitaten und Stilanleihen – geprägt.

Süskind erzählt die Geschichte des autistischen und olfaktorischen Charakters Jean-Baptist Grenouille, der im Paris des 18. Jahrhunderts dem Ziel nachjagt, die Essenz der absoluten Schönheit zu erzeugen und, um dieses Ziel verwirklichen zu können, zum Massenmörder wird. Erst beim letzten Mord wird er durch einen Augenzeugen und durch Indizien überführt. Seine Hinrichtung wird jedoch für Grenouille zur Vollendung seines Plans: Bestäubt mit dem Duft seines perfekten Parfüms verfällt die neugierige Menge seinem Duft, von dem sich auch der Vater seines letzten Opfers, der schließlich Grenouille wie einen Sohn liebevoll umarmt, umgarnen lässt. Grenouille gelingt die Flucht, inszeniert aber als Clochard sein Ende, da er sich von den Bettlern wie im Rausch kannibalisch verschlingen lässt.

Das Spiel mit überlieferten Formen und Stilen ist typisch für die postmoderne Literaturauffassung, die in der gegenwärtigen Literaturkritik kontrovers diskutiert wird. Die Diskussion ist dabei durch zwei Standpunkte geprägt, zum einen durch ein berühmt gewordenes Zitat Hans Peter Richters, wonach die postmodernen Autoren zwar hervorragend zu schreiben verstünden, aber eigentlich nichts zu sagen hätten.
Andererseits wenden die Schriftsteller, die sich der Postmoderne programmatisch zurechnen, demgegenüber ein, dass in den Zeiten der Postmoderne – also in der Zeit nach den großen ideologischen Entwürfen und Auseinandersetzungen – der französische Philosoph Lyotard spricht vom Ende der großen Erzählungen – eine Ernüchterung eingetreten sei. In ihren Augen ist es nicht mehr die Aufgabe der Literatur, ein Weltbild zu propagieren oder die Totalität der Welt romanhaft zu bewältigen; vielmehr sei es nun die Aufgabe der Literatur in die Tiefe der Erscheinungen hinabzusteigen, wie es der postmoderne Erzähler Klaus Modick (geb. 1951) einmal formulierte. An die Stelle von Geschlossenheit, historischer Kontinuität und universaler Sinnbezüglichkeit betonen die postmodernen Autoren die Fragmentierung, Diskontinuität und das Ende der Geschlossenheit und Zielhaftigkeit der Geschichte.

6 Auf einen Blick

Autoren

Wolfgang Borchert (1921–1947), Heinrich Böll (1917–1985), Günter Grass (geb. 1927), Paul Celan (1920–1970), Max Frisch (1911–1991), Friedrich Dürrenmatt (1921–1990), Hans Magnus Enzensberger (geb. 1929), Jurek Becker (1937–1997), Patrick Süskind (geb. 1949), Bernhard Schlink (geb. 1944),

Stichworte

Trümmerliteratur, Vergangenheitsbewältigung, Gegenwartskritik, Neugewinnung der Sprache, Absurdität der Welt, Ende der Geschichte und großen Erzählungen, Postmoderne

Gattungen

Tragikkomödie, konkrete Poesie, hermetische Lyrik, gesellschaftskritischer Roman, postmodernes Erzählen

Werke

Wolfgang Borchert, *Draußen vor der Tür* (1947); Heinrich Böll, *Wanderer kommst du nach Spa* (1950), *Ansichten eines Clowns* (1963), *Die verlorene Ehre der Katharina Blum* (1974); Günter Grass, *Die Blechtrommel* (1959), *Katz und Maus* (1961), *Hundejahre* (1963), *Im Krebsgang* (2002); Paul Celan, *Gedichte*; Max Frisch, *Homo Faber* (1957), *Andorra* (1961), *Stiller* (1954); Friedrich Dürrenmatt, *Die Physiker* (1962), *Der Richter und sein Henker* (1952); Jurek Becker, *Jakob der Lügner* (1968); Patrick Süskind, *Das Parfüm* (1985); Bernhard Schlink, *Der Vorleser* (1995).

Register